ICH WILL MICH ABER AUFREGEN!

MATTHIAS NÖLLKE

ICH WILL MICH ABER AUFREGEN!

DAS BUCH FÜR DEN KLEINEN ÄRGER ZWISCHENDURCH

MIT ILLUSTRATIONEN VON JANA MOSKITO

SCHWARZKOPF & SCHWARZKOPF

INHALT

1. Leute, die nicht zurückgrüßen 2. Tropfen, die einem an der Nase hängen 3. Leute, die als Erstes fragen: »Wie geht es Ihnen?« 4. Leute mit Mundgeruch, die einem auf die Pelle rücken 5. Leute, deren Namen man sich nicht merken kann 6. Leute, die einen überfreundlich grüßen

7. Die ausgefuchsten Fragen im Vorstellungsgespräch 8. Kollegen, die ständig Geld sammeln 9. Chefs, die ihre Mitarbeiter »begeistern« wollen 10. Schlaue Führungskräfte, die mal nachsehen, ob du auch wirklich arbeitest 11. Chefs, die niemals zu sprechen sind 12. Irrsinnige Chefideen 13. Seminarleiter, die jeden Scheiß »ganz spannend« finden 14. Deutsche, die mit amerikanischem Akzent englisch sprechen 15. Lob und die Folgen 16. Humor am Arbeitsplatz 17. Gewiefte Networker und Kontaktpfleger 18. Kollegen, die krank zur Arbeit kommen 19. Die guten Ratschläge deiner Freunde

WOZU DIE AUFREGUNG?

Welcher halbwegs normale Mensch ärgert sich nicht immer wieder über seine Mitmenschen? Diese überheblichen, rechthaberischen, rücksichtslosen Vordrängler? Oder diese schmierigen Kriecher, denen es aus unerfindlichen Gründen immer wieder gelingt, auf ihrer schleimigen Schneckenspur an dir vorbeizuziehen? Fanatische Ernährungsexperten oder militante Eltern? Leute, die das Buch *Ich weiß, was du denkst* gelesen haben und nun annehmen, du hättest die gleichen schmutzigen Gedanken wie sie? Autofahrer, die auf der linken Spur kleben? Oder auf der rechten. Auf der Mittelspur oder gar auf dem Seitenstreifen. Oder die dauernd die Spur wechseln – das sind überhaupt die allerschlimmsten, wie die Stauforschung zeigt.

Mitmenschen sind aber nur das eine, was uns aufregt. Das andere sind die Dinge, die uns umgeben und jeden Tag aufs Neue ärgern: Möbel, an denen man sich stößt oder die einen bleibenden Haltungsschaden verursachen, wenn man lange genug auf ihnen herumsitzt. Treppenstufen, über die man stolpert oder auf denen man ausrutscht. Nutzlose Geräte, die unsere Lebenszeit wegfressen. Die nur funktionieren, wenn der Servicetechniker vorbeikommt, um sie zu reparieren. In denen Nahrungsmittel verschimmeln, verbrennen oder deine Lieblings-CD geschreddert wird.

Am schlimmsten aber ist, dass sich in solchen Notlagen fast immer jemand hinstellt, der meint, du müsstest gerade jetzt ganz entspannt bleiben. »Was regst du dich so auf?«, fragen diese Leute. Alles halb so wild, finden sie. Gelassenheit siegt, ist ihr Motto. Wenigstens solange jemand wie du die Scherereien am Hals hat und nicht sie selbst.

Dabei gibt es nur einen passenden Kommentar zu ihrem superschlauen Ratschlag, nämlich unseren Buchtitel: »Ich WILL mich aber aufregen!« Denn es weiß schon jeder Säugling: Gelassenheit ist auch keine Lösung. Du kommst nur dann halbwegs komfortabel durchs Leben, wenn du gelegentlich Ärger machst. »Ein Baby, das seine Eltern in Ruhe Zeitung lesen lässt, hat seinen Beruf verfehlt«, urteilt der holländische Biologe Midas Dekkers in seinem vortrefflichen Buch *Von Larven und Puppen*. Und die Holländer kennen sich ja nun wirklich damit aus, wie man anderen auf die Nerven geht. Zumindest wenn man einen Wohnwagen hinter sich herzieht. Auf jeden Fall hat Dekkers vollkommen recht: Nicht den Sanftmütigen gehört die Erde, sondern denen, die ordentlich Krach schlagen.

Und das ist noch nicht alles. Sich aufzuregen, verschafft nicht nur handfeste Vorteile, es bereitet darüber hinaus auch noch Vergnügen. Ja, wir brauchen unsere kleine, bekömmliche Dosis an Ärgernissen, sie putschen uns auf, sie geben uns Energie, sie reißen uns aus unserer selbstzufriedenen Trägheit. Der kleine Ärger zwischendurch, er darf nicht heruntergeschluckt, er muss kultiviert werden. Das ist gesund, erfrischend und reinigt die Seele, wie die Psychologen versichern. Womit wir schon bei der ersten Berufsgruppe wären, über die wir einige unschöne Dinge zu sagen hätten …

Ich finde, man darf sich über alles aufregen. Auch und gerade über Leute, die man eigentlich ganz gerne hat oder vor drei Minuten noch ganz großartig fand: gute Freunde, Skandinavier, die Leute von der Tierrettung. Oder auch über sich selbst. Meiner Meinung nach regen wir uns sowieso viel zu selten über uns selbst auf. Wir lassen uns alles Mögliche durchgehen, erfinden faule Ausreden und führen uns selbst an der Nase herum. Manche kleben kleine Zettel an ihren Badezimmerspiegel, auf denen zu lesen ist, dass sie völlig in Ordnung sind: So wie sie sind. Ist das nicht entwürdigend? Es ist doch schon schlimm genug, dass du deinem Chef in den Hintern kriechen musst. Oder irgendwelchen Auftraggebern und Kunden. Freunden und Familienangehörigen, von denen du abhängig bist. Wenn du jetzt auch noch dir selbst was vormachst, dann bist du ganz unten angekommen. Wer sich nicht mehr erlaubt, auf sich selbst wütend zu werden, der ist schon ein armes Schwein. Und ihm oder ihr entgehen viele köstliche Momente.

Denn hier geht es nur um die kleinen und bekömmlichen Ärgernisse. Und nicht um die Dinge, die wirklich schlimm sind. Um die sollen sich mal schön andere kümmern. Was wir hier machen, ist nur ein kurzes Stoßlüften der Seele. Viel Vergnügen mit diesem aufregenden Buch wünscht

Matthias Nöllke

TEIL I

SCHLIMME BEGRÜSSUNGEN

Damit geht es doch schon los: Wie manche Leute einen begrüßen. Oder eben nicht begrüßen. Obwohl sie es eigentlich müssten. Und zwar als Erste. Weil sie neu hier sind, weil sie jünger sind oder ein lächerliches Motto-T-Shirt tragen, mit dem sie sich aus dem Kreis der Menschen verabschieden, die man noch ernst nehmen kann. Ein Kreis, der ohnehin von Tag zu Tag kleiner wird. Oder weil sie jetzt auch mal dran sind mit Grüßen, diese smarten Ego-Shooter, bei denen du die letzten Male immer den Anfang gemacht hast. Immer.

Oder weil dir deine Mitmenschen ein bisschen Respekt schulden. Oder weil du jetzt einfach Lust darauf hast, einen guten Morgen gewünscht zu bekommen. Bevor es richtig losgeht, mit einem weiteren Scheißtag, den du durchstehen musst, und dafür jedes freundliche Wort gebrauchen kannst. Aber was ist? Nichts ist. Die gehen einfach an dir vorbei, als wärst du eine Straßenlaterne, an der die Hunde ihr Bein heben.

Aber auch die Leute, die grüßen, können einem auf die Nerven gehen. Allein durch die Art und Weise, wie sie »Guten Tag« sagen. Oder »Hallo!«, oder »Moin!«, oder »Ciao!«, oder »Grüß Gott!«, oder »Mahlzeit!«. Oder indem sie so umwerfend witzige Grußformeln wie »Gumo«, »Fünf geb!« oder »Mönsch, du hier? Und nicht in Hollywood?« von sich geben. Solche ausgelutschten Sprüche möchte man in einem Leben nicht zweimal hören. Man glaubt gar nicht, wie viele Varianten es gibt, seine Mitmenschen so zu begrüßen, dass sie schon gar keine Lust mehr haben auf den Rest des Tages. Aus dieser unüberschaubaren Menge greifen wir ein paar Beispiele heraus. Und ich versichere, es sind noch die harmloseren.

LEUTE, DIE NICHT ZURÜCKGRÜSSEN

Da haben wir jemanden gegrüßt, aus reiner Höflichkeit, einen, den wir gar nicht richtig kennen. Aber doch gut genug, um ihn nicht mehr zu verwechseln. So einen knollnasigen Kollegen im Cordanzug aus der anderen Abteilung oder die aufgeblondete Mutter eines Klassenkameraden unserer Kinder. Oder einen unserer Nachbarn. So einen, auf den wir eigentlich gar nicht gut zu sprechen sind. Weil er an jedem lauen Sommerabend seinen qualmenden Grill anwirft. Weil er dauernd Rasen mäht und auf Vögel schießt, die seinem Kirschbaum zu nahe kommen. Weil er jedes Blatt, das von den Bäumen fällt, mit seinem lärmenden Laubbläser einzeln auf einen Riesenhaufen scheucht. Von solchen Leuten rede ich. Du magst sie nicht oder sie sind dir egal, aber du grüßt sie trotzdem. Wie man das halt so macht, in unserer Zivilisation. Die braucht nun mal diesen sozialen Klebstoff, damit sie irgendwie zusammenhält und wir nicht alle aufeinander losgehen, um uns mit den Gartengeräten die Köpfe einzuschlagen. Deshalb grüßen wir. Wir machen uns gegenseitig vor, dass wir eigentlich ganz nett sind.

Doch manche Leute halten sich nicht an diese Abmachung, die unsere Urahnen getroffen haben, weil sie unsere Welt für alle ein bisschen erträglicher machen wollten. Sie grüßen einfach nicht zurück. Weißt du eigentlich, was das heißt? Es heißt, dass du für den anderen nicht existierst. Dass du die gleiche Aufmerksamkeit verdienst wie ein halber Kubikmeter Luft. Man soll ja sogar zurückgrüßen, wenn einen jemand grüßt, der einen verwechselt hat. Sagen die Leute, die sich mit gutem Benehmen auskennen.

Einige tun wenigstens so, als hätten sie nichts gehört und wären mit etwas anderem beschäftigt, ihrem Mobiltelefon oder ihren Fingernägeln. Andere reagieren, als hätten wir ihnen gerade etwas unsagbar Peinliches angetan. Sie wenden sich ab oder werfen uns einen verständnislosen Blick zu. So als hätten wir als Menschen dritter Klasse kein Recht, an sie das Wort zu richten.

Aber das Ärgerlichste an der Sache kommt überhaupt noch: Wir fühlen uns mickrig. Wir! Dabei ist es doch der andere, der sich nicht benehmen kann. Dem müsste es doch eigentlich dreckig gehen. Aber nein, es erwischt uns, wir fühlen uns elend. Egal, was für liebenswerte, verdienstvolle, kostbare Mitglieder der menschlichen Gemeinschaft wir sind. Und egal, was für ein jämmerlicher Schlumpf der andere ist. Wir legen ja ohnehin keinen Wert darauf, mit ihm näher in Kontakt zu treten. Er kann uns gestohlen bleiben. Ein Gespräch würden wir abwürgen, Freundschaftsanfragen auf Facebook würden wir ablehnen. Und wenn er uns bitten würde, auf seiner nächsten Gartenparty den Zaubertrick mit dem Ei vorzuführen, dann würden wir ihn milde anlächeln und antworten: »Tut mir leid, Herr Heinloth, aber *den* zeige ich nur *guten Freunden.*«

Nun wollen diese Leute ja gar nicht, dass wir für sie zaubern. Sie stellen uns auch keine Freundschaftsanfragen, sondern WIR haben das Problem. Da gibt es gar nichts schönzureden: Wir haben den anderen gegrüßt – und er hat uns auflaufen lassen. Wir sind der arme Idiot in dieser Angelegenheit. So ist das. Eine solche Niederlage ist am selben Tag schwer wieder aufzuholen.

Und dann ist da noch die Frage: Was machen wir eigentlich, wenn uns dieser Mensch das nächste Mal begegnet? Nicht grüßen, vielleicht? Diesmal nicht in die Falle tappen? Ihn links liegen lassen? Klingt erst mal gut. Macht aber alles noch schlimmer. Denn wenn wir dann nicht grüßen, hat der andere doch schon wieder gewonnen. Er fühlt sich nur bestätigt. Er denkt: Wir würden ihn ja grüßen. So war es doch beim letzten Mal. Aber jetzt trauen wir uns nicht mehr. Er hat sich durchgesetzt. Diesen Triumph dürfen wir ihm nicht gönnen. Wenigstens das nicht. Also, machen wir es anders. Nächstes Mal wird dieses Schwein wieder gegrüßt. Verlass dich drauf.

TROPFEN, DIE EINEM
AN DER NASE HÄNGEN

Im Winter ist es immer wieder der gleiche Ärger: Man kommt von draußen rein, will jemanden begrüßen und stellt fest: Da hängt einem ein Tropfen an der Nasenspitze. Kondenswasser oder was weiß ich, ein Tropfen, der durch den Temperaturunterschied zwischen draußen und drinnen entsteht. Und der einen etwas eklig aussehen lässt. So jemanden begrüßt man nicht gerne, sondern denkt nur: Igitt, wie sieht der denn aus? Kann der sich nicht mal die Nase putzen?

Doch wenn man keinen Schnupfen hat, trägt man nicht unbedingt ein Taschentuch bei sich. Ich wenigstens nicht. Und dann stehe ich da herum, mit diesem Ekeltropfen unter der Nase. Und ich überlege: Wie werde ich den los? Einmal dezent mit den Fingern über die Nase wischen, und das Problem ist gelöst. Das Problem ist nur: Durch dieses Wischen wird der Ekelfaktor noch mal beträchtlich erhöht. Keiner will dir jetzt noch die Hand geben, Kondenswasser hin oder her.

Ignorieren und auf Zeit spielen ist auch keine Lösung. Die anderen starren auf deine Nase. Mit dem Tropfen dran. In ihren Gesichtern die Frage: Wird er runterfallen, der Tropfen? Oder wird er sich halten? Die Antwort lautet stets: Er hält sich. Was die Sache noch ekliger macht. Und weil du das irgendwann nicht mehr aushältst, greifst du dir dann doch an die Nase.

Natürlich bekommen das die anderen mit. Auch wenn sie so tun, als hätten sie nichts bemerkt. Gleich bei der Begrüßung Ekelgefühle auslösen, das ist schon ein echter Traumstart. Und wenn es so richtig schlecht läuft, dann hast du den Tropfen nicht vollständig weggewischt. Dir hängt immer noch etwas Restwasser an der Nase.

Na ja, jetzt kommt es auch nicht mehr drauf an, denkst du dir und wischst jetzt so richtig offensiv den Resttropfen weg.

Noch blöder siehst du aus, wenn du wie ich eine Brille trägst. Dann hast du zusätzlich mit beschlagenen Gläsern zu tun und kannst deinem Gegenüber auch nicht in die Augen schauen, was man ja bei jeder Begrüßung machen sollte. So aber stehst du hilflos in der Gegend rum, ein Mahnmal der Ekelhaftigkeit. Vielleicht nimmst du jetzt noch die Brille ab und zwinkerst mit Maulwurfsaugen in die Runde.

Die anderen gruseln sich. Und du leistest innerlich den Schwur: Das nächste Mal stecke ich Taschentücher ein. Was dir immer erst einfällt, wenn sich beim nächsten Mal allmählich wieder ein Tropfen unter deiner Nase bildet.

LEUTE, DIE ALS ERSTES FRAGEN: »WIE GEHT ES IHNEN?«

Stimmt schon, man könnte meinen: Was soll so schlimm sein an den Leuten, die sich erst mal erkundigen, wie es einem geht? Sonst haben wir doch eher das gegenteilige Problem: Die Leute quackeln nur über ihre eigenen Angelegenheiten und interessieren sich einen Dreck, was mit dir los ist. Sollten wir nicht froh sein um jeden, der nach unserem Befinden fragt?

Die Antwort lautet: »Aber so was von überhaupt nicht!« Denn die Leute, die als Erstes fragen: »Wie geht es Ihnen?«, interessieren sich noch weniger als alle anderen dafür, was mit dir los ist. Sie sagen das nur, weil sie glauben, dass das irgendwie höflich ist. Und weil sie das Thema möglichst schnell abhaken wollen. Und zwar um über ihre eigenen Angelegenheiten zu quackeln. So ist das.

Die Frage, wie es dir geht, steht jetzt aber im Raum. Und das ist genau der Haken. Wenn du so veranlagt bist wie ich, dann machst du dir nicht ständig Gedanken, wie es dir gerade geht. Ehrlich gesagt hast du davon keine Ahnung. Du lebst einfach so vor dich hin. Ohne ständig auf das Fieberthermometer der guten Laune zu schielen. Doch dann sollst du plötzlich Auskunft geben. Du horchst in dich hinein und stellst wieder mal fest: »Na ja, so toll läuft es eigentlich nicht.« Irgendwas ist doch immer. Vielleicht ist deine Uhr gerade kaputtgegangen oder der Kühlschrank zu Hause macht Ärger. Du musst morgen zum Zahnarzt, dein Lieblingsverein steckt in der Krise und um die Weltwirtschaft machst du dir auch allmählich Sorgen. Alles Dinge, die niemand wissen will – am wenigsten derjenige, der da fragt.

Diese traurige Tatsache kommt dir zu Bewusstsein. Und während du in die von leichter Ungeduld gezeichnete Miene deines Gegenübers blickst, denkst du dir: Nicht genug, dass du diese

Sorgen am Bein hast. Du musst sie auch noch schön für dich behalten. Denn wenn du jetzt anfängst zu erzählen, vom kaputten Kühlschrank, vom anstehenden Zahnarzttermin oder deinen Fußballsorgen, dann sollst du mal sehen, wie das freundliche Gesicht deines Gegenübers einstürzt. Oder er fängt an, von seinen eigenen Sorgen zu erzählen. Das hast du natürlich auch nicht gewollt. Zumal zu befürchten ist, dass seine Sorgen viel größer und schlimmer sind als deine. Vielleicht ist bei ihm eingebrochen worden. Oder er wird nächste Woche operiert. Und dann stehst du da und denkst dir: Muss ich denn immer der Verlierer sein?

Also antwortest du mit der gleichen idiotischen Floskel, die jeder sagt: »Danke, gut. Und Ihnen?« Jetzt liegt der Ball wieder im Feld deines Gesprächspartners. Doch wenn du glaubst, damit wäre der Fall erledigt, könntest du danebenliegen. Manche Leute fangen nämlich jetzt überhaupt erst an, dir richtig auf den Wecker zu gehen. Indem sie nämlich deine Antwort kommentieren. Du hast gesagt: »Danke, gut.« Und sie sagen: »Also schlecht.« Weil du aus ihrer Sicht nicht glaubwürdig genug geklungen hast. Sie spielen den abgebrühten Kommunikationsprofi, dem du nichts vormachen kannst. Dabei passt der Kommentar »Also schlecht« sowieso immer. Sogar wenn es dir eigentlich gut geht, geht es dir schlecht, sobald so ein Kommunikationsprofi dich fragt, wie es dir geht. Und wenn er dann noch deine Antwort so oberschlau kommentiert, ist deine Laune sowieso im Keller.

Und dann gibt es natürlich noch diese Erfolgsmenschen, die jeden, der nicht sofort zurückbellt »Mir geht es super!«, für einen Versager halten. Das heißt, wenn du dein »Super!« zurückbellst, dann lassen sie dich auch nicht immer davonkommen. Manche fragen dann nämlich halb ungläubig, halb spöttisch noch mal nach: »Tatsächlich?« Vor allem Leuten, mit denen man geschäftlich zu tun hat, würde man jetzt gerne den Hals umdrehen. Dabei sind die nur ehrlich davon überzeugt, dass sie mit dir Small Talk machen.

Das Unangenehmste an der Frage, wie es dir geht, ist jedoch: dass du auf jeden Fall zurückfragen musst. Und bei dieser Rückfrage versage ich immer kläglich. Weil mir selbst diese Frage so auf die Nerven geht, bringe ich es nicht fertig, halbwegs natürlich zurückzufragen. Ich klinge dann immer so blechern wie die künstliche Stimme der Bahnhofsansage: »Intercity / nach / Dortmund / vier / zehn / Uhr / acht / und / dreißig / heute / von Gleis / sieben.« Wenn ich nicht überhaupt vergesse zurückzufragen. Denn bei meiner Antwort verliere ich häufig den Faden. Und mein Gesprächspartner fängt dann lieber selbst schon mal an, von den wirklich wichtigen Dingen zu reden: vom Geschäftlichen oder von seinen eigenen Angelegenheiten. Aber dass ich nicht mal nachgefragt habe, wie es *ihm* geht, das hat er sich natürlich gemerkt. Diese Mimose.

LEUTE MIT MUNDGERUCH,
DIE EINEM AUF DIE PELLE RÜCKEN

Ich verstehe das nicht: Wieso müssen einem ausgerechnet die Leute so nahe auf die Pelle rücken, die starken Mundgeruch haben? Kaum hast du ihnen freundlich zugenickt, schon drängen sie sich an dich heran, um dich zu begrüßen und mit ihrem fauligen Atem aus nächster Nähe einzuföhnen. Nun weiß man, dass Menschen mit Mundgeruch selber gar nicht merken, was ihnen da für ein Aroma entströmt. Die machen das nicht mit Absicht, sondern sind völlig ahnungslos.

Außerdem stinken gar nicht die Leute selber, sondern irgendwelche Bakterien, die auf ihrer Zunge wohnen. Die verwandeln Speisereste in diese sehr geruchsintensive Form von Biogas. Und weil das nach vorne weggeblasen wird, bekommen die Besitzer der Mundhöhle davon gar nichts mit. Aber es ist doch merkwürdig, dass ausgerechnet diese Leute so gierig darauf sind, so wenig Abstand wie möglich zu halten. Fällt denen gar nicht auf, dass ihre Gesprächspartner in ihrer Gegenwart nur noch durch den Mund atmen?

Kompliziert wird die Lage erst dadurch, dass man niemandem ins Gesicht sagen mag: »Sie haben Mundgeruch.« Das wäre einfach zu kränkend. Das Gespräch wäre beendet, noch ehe es begonnen hätte. Außerdem hätte man einen Feind mehr auf der Welt. Und wer will das schon? Vielleicht kann einem dieser Mensch noch einmal nützlich sein, einen raushauen, wenn man in Schwierigkeiten steckt. Kann man jetzt noch nicht wissen. Und dann sagt man sich: »Warum hast du damals nicht einfach die Nase zusammengekniffen und die Klappe gehalten?«

Kommunikationsprofis, die häufiger mit solchen Gesprächspartnern zu tun haben, tragen daher immer ein Röllchen mit schar-

fen Pfefferminzbonbons bei sich. Die bieten sie im Fall des Falles freundlich an und lutschen auch noch einen oder zwei Drops mit, damit ihnen der andere nicht auf die Schliche kommt. Der soll sich bloß nicht gekränkt oder ausgegrenzt fühlen. Gerade Stinktiere sind sensibel. Also, aufpassen. Doch oft genug lehnen sie den scharfen Pfefferminzbonbon einfach ab. Und der Kommunikationsprofi lutscht seine beißenden Drops allein.

Gegen Leute mit Mundgeruch kommst du einfach nicht an. Weichst du zurück, rücken sie noch näher an dich ran. Sagst du gar nichts mehr, um das Gespräch abzukürzen und deine Atmung flach zu halten, reden die umso stärker auf dich ein. Und je mehr sie reden, umso mehr Atemluft stoßen sie aus. Du wirst sie auch nicht so schnell wieder los und kannst auch nicht so leicht weitere Gesprächspartner in eure Unterhaltung mit hineinziehen. Denn jeder ist froh, dass er nicht in deiner Haut steckt, vor allem nicht in deiner Nasenschleimhaut mit den ganzen Riechzellen. Und jeder ahnt, dass du dich sofort aus dem Staub machen würdest, sobald man den ersten Satz mit dem Menschen mit Mundgeruch gewechselt hat. Nein, es gibt nur ein einziges Mittel, das zuverlässig gegen Leute mit Mundgeruch hilft: selber Mundgeruch haben. Doch mit dem Mundgeruch ist es so wie mit einem guten Freund: Wenn du ihn wirklich brauchst, ist er nicht da. Und wenn er da ist, kannst du ihn wirklich nicht brauchen.

LEUTE, DEREN NAMEN MAN SICH NICHT MERKEN KANN

Vielen ist es peinlich, wenn ihnen der Name ihres Gegenübers nicht mehr einfällt. Mir natürlich auch. Aber im Unterschied zu den meisten anderen suche ich die Schuld für diese Peinlichkeit nicht nur bei mir und meinem miserablen Namensgedächtnis. Das ist nämlich gar nicht so miserabel, wie ich immer aus reiner Höflichkeit sage, wenn ich keine Ahnung habe, wie mein Gegenüber noch hieß. Döhler, Köhler, Möller? Oder ganz anders? Viele Namen kann ich mir schon ganz gut merken, erstaunlich viele sogar, aber eben nicht alle. Das macht die Sache ja nur noch schlimmer, finden diese Leute, deren Namen man sich einfach nicht merken kann. Dass wir nicht wissen, wie sie heißen, empfinden sie als persönliche Kränkung. Wir würden damit zum Ausdruck bringen, dass ihr Name es nicht wert sei, dass wir uns ihn einprägen.

Haben sich diese beleidigten Leberwürste eigentlich schon mal gefragt, ob das nicht an ihrem Namen liegen könnte? Dass wir immer ins Schleudern geraten, wenn sie wieder vor uns stehen? Frau Dings, Herr Bums, wie war das noch mal? Es gibt nun einmal Namen, die bekommt unser Gedächtnis einfach nicht in den Griff. Wie ein Stück nasse Seife entglitschen die uns immer wieder. Gerade wenn wir uns bemühen, sie zu fassen. Gallert, Grabert, Bienert, Biegert, Rollert, Budert, Mader, Moder, Nieda, Pröschel, Gröschel, Hudert, Hebert, Hilfert, die können doch wohl nicht im Ernst verlangen, dass wir uns ihre Namen einpauken wie die Vokabeln in der Schule. Womöglich noch kleine Kärtchen anlegen und uns in einem unbeobachteten Moment selber abfragen: War das jetzt Mader oder Rollert? Nur damit wir ihnen sagen können: »Tach, Frau Mader, na?«, wenn uns Frau Mader mal zufällig im Supermarkt über den Weg läuft. Ideen haben die Leute!

Und was mich betrifft, so ist der Fall überhaupt klar: Es liegt nicht an der Person, ob ich mir einen Namen merken kann. Ob ich sie sympathisch finde oder grässlich oder ob sie mir völlig egal ist. Es liegt an den Namen, die mehr oder weniger einprägsam sind. Es geht also nicht gegen Herrn Lambert oder Frau Limbeck persönlich, wenn ich auf dem Schlauch stehe.

Das kann ich sogar beweisen: Als ich klein war, da gab es eine australische Tennisspielerin, die hieß Evonne Goolagong. Ich habe keine Ahnung, ob die besonders gut gespielt hat, ich habe nicht ein einziges Spiel von Evonne Goolagong gesehen, ich interessiere mich überhaupt nicht für Tennis. Alle anderen Namen von Tennisspielerinnen aus der Zeit sind mir nicht in Erinnerung geblieben. Nur Evonne Goolagong. Hätte sie Evonne Graf geheißen oder Evonne Göllner oder Evonne Smith, wäre das natürlich eine ganz andere Geschichte gewesen. Aber so hat sich der Name von Evonne Goolagong ein für alle Mal in der Tiefe meines Gehirns eingebrannt. Dort, wo vermutlich auch mein eigener Name eingraviert ist.

Und da wir schon davon reden: Es ist ja nicht so, dass sich die Leute meinen Namen besonders gut merken könnten. Sie nennen mich Herrn Wöllke, Herrn Möllke; Herrn Löcke und ganz besonders gern Herrn Nolte. Martin Nolte, Markus Nolte, Michael Nolte. Und? Bin ich deswegen sauer? Kaum. Nur ein wenig. Und auch nicht die ganze Zeit. Mal mehr, mal weniger. Meistens mehr. Auf jeden Fall weniger, als ich eigentlich sein müsste. Denn diese Leute sind wirklich das Allerletzte. Wenn sie wenigstens sagen würden: »Entschuldigen Sie bitte, es ist mir furchtbar peinlich, ich komme gerade nicht auf Ihren Namen.« Aber nein, sie müssen meinen Namen abändern, verstümmeln, verhunzen. Fast kommt es mir vor, als hätte jemand ein großes Verbotsschild vor meinem Namen aufgestellt: Bitte das böse, böse N-Wort nicht aussprechen! Und wenn die mich dann Möllke, Mullke oder Löcke nennen, dann tun sie das nicht etwa zögernd, fragend, damit ich sie dann triumphierend verbessern kann. Sondern sie verkünden ihren Mullke mit einer

Selbstverständlichkeit, dass mir selber schon Zweifel kommen, wie ich heiße. Es hört sich so an, als hätten diese Leute einen gerade umbenannt: »Also, egal, was die anderen sagen, egal, was in Ihrem Personalausweis steht, für mich sind und bleiben Sie Herr Löcke!«

Dabei ist mein Name doch ganz einfach zu merken. Man muss nur an eine Nelke denken und dann das E gegen ein Ö austauschen. Ist doch nicht schwer, oder? Manchmal sage ich das den Leuten auch: Nöllke wie Nelke, nur mit einem Ö. Und was machen dann die Leute? Die können sich nicht mal die Nelke merken. Denen fällt nur die Tulpe ein. Und dann nennen sie einen »Tölpe« oder »Nulpe«. Also dann doch lieber Löcke. Oder am besten gar nicht mit Namen angeredet werden. Das ist überhaupt so ein Unsinn aus den Verkäuferseminaren: Dass die Leute es richtig toll finden, wenn man dauernd ihren Namen sagt: »Herr Nöllke hier, Herr Nöllke da. Ganz richtig, Herr Nöllke!« Also, wenn ich so was höre, dann weiß ich schon, dass mir dieser Arschkriecher irgendeinen Mist andrehen will. Oder mich gleich um einen Gefallen bitten wird, den ich schon aus Selbstachtung verweigern muss. Womit wir schon beim nächsten Aufreger sind.

LEUTE, DIE EINEN ÜBERFREUNDLICH GRÜSSEN

Eigentlich sind das doch die schlimmsten Begrüßungen: wenn einer schon so übertrieben nett anfängt. So unglaubwürdig erfreut, dich zu sehen. Du spürst sofort: Der macht das jetzt nur, weil er etwas von dir will. Dein Geld, deinen Rasenmäher, deine Hilfe. Vielleicht möchte er, dass du ein gutes Wort für ihn einlegst. Obwohl er total unfähig ist. Was sich schon daran zeigt, dass er glaubt: Einmal unterwürfig grüßen reicht, damit du ihm den Weg auf den Chefsessel bahnst. Oder er möchte, dass du mit ihm Urlaubstage tauschst, damit er die Brückentage ausnutzen kann. Mit fünf Urlaubstagen will er dann für sechs Wochen in der Karibik verschwinden. Und du darfst ihm den Rücken freihalten. Oder er grüßt so harmlos lustig gut gelaunt, damit du nicht die Polizei rufst, wenn heute Nacht seine Krawall-Party steigt. Dass es wirklich schlimm wird, erkennst du daran, dass er dich sicherheitshalber auch noch einlädt. »Wenn's zu laut wird, einfach mitfeiern«, heißt es dann. So als würdest du altes Feierbiest vom Radau angezogen wie ein Haifisch von einer blutenden Wunde.

Was einem so auf die Nerven geht, ist natürlich nicht, dass man diesen Leuten einen Gefallen tun soll. Wir tun doch ständig irgendjemandem einen Gefallen, ohne dass wir auch nur ein Wort darüber verlieren. Aber in diesem Fall sieht die Sache eben völlig anders aus. Man bittet uns nicht einfach um einen Gefallen. Sondern man steckt das Ganze in eine schmierige, verlogene Verpackung. So als würden wir zu diesen widerlichen Typen gehören, vor denen man erst mal rumkriechen muss, bevor sie auch nur den kleinen Finger für einen krumm machen. Ich finde das erniedrigend. Für beide Seiten: Für den, der da rumkriecht. Und für den, vor dem gekrochen wird.

Wenn diejenigen, die einen so falschfreundlich grüßen, wenigstens immer so wären. Dann könnten wir uns sagen: Gut, keine angenehmen Menschen, aber die können nun mal nicht anders. Die sind von Natur aus ölig, schleimig, unterwürfig. Doch die können schon anders. Wenn du ihnen den Gefallen getan hast, dann ist es vorbei mit der Scheißfreundlichkeit. Dann bist du plötzlich Luft für sie. Und zu ihrer nächsten Party laden sie dich auch nicht mehr ein.

TEIL II

BERUF UND KARRIEREHINDERNISSE

Wem im Berufsleben nicht mal ab und zu die Sicherung durchbrennt, dem ist nicht zu helfen. Denn Berufe sind überhaupt nur erfunden worden, damit wir was Schönes zum Aufregen haben. Sonst sind die meisten Berufe ja eher langweilig und nutzlos, wenn wir mal ganz ehrlich sind. »Oh, ich liebe meinen Beruf. Und werde dafür noch guuut bezahlt«, quäken etliche. Bei denen kannst du sicher sein, dass die ganz tief unten in der Hölle arbeiten. Berufe sind nichts zum Liebhaben. Und guuut bezahlt wird man sowieso niemals. Aber für den kleinen Ärger zwischendurch ist so ein Beruf wirklich nicht zu verachten.

Besonders gerne regen wir uns über die unfähigen Vorgesetzten auf, die immer wieder dafür sorgen, dass niemand in Ruhe arbeiten kann und am Ende alles den Bach runtergeht. »Managementfehler« heißt es dann. Und »Managementfehler« sind in unseren Zeiten so unvermeidlich wie der Brechdurchfall im Kindergarten, Furzen während des Fitnesstrainings oder die dicke Abfindung, die jemand einsackt, der einen besonders schlimmen »Managementfehler« auf dem Kerbholz hat. Immerhin bedeutet »Managementfehler« ja auch: Der hat das nicht mit Absicht gemacht. Der ist einfach nur zu blöd. Und das muss natürlich schwer belohnt werden.

Kann man sich über seinen Chef oder seine Chefin nicht beklagen, dann gibt es ja noch die hinterhältigen, faulen und / oder arschkriecherischen Kollegen, die mit ihrer miesen Nummer immer durchkommen. Und wenn sie einmal nicht durchkommen, dann schaffen sie es noch irgendwie, dich mit in die Sache hineinzuziehen. Sind wir selber Chef, leiden wir unter unseren unfähigen Mitarbeitern, die nur in einem richtig gut sind: faule Ausreden zu erfinden. Und dann gibt es noch die dummen und dreisten Kunden, die jeden Tag noch ein wenig dümmer und noch ein wenig dreister werden. Und die weichgespülten oder durchgeknallten Seminarleiter, die dir irgendwelche soften »Skills« antrainieren wollen, die du in deinem Berufsleben nur dann gebrauchen kannst, wenn du selber Seminarleiter werden willst. Und schließlich sind da noch deine Freunde und Bekannten, die von deinem Beruf keine Ahnung haben, aber ganz genau wissen, was du machen musst, um all den Ärger ein für alle Mal abzustellen.

1

DIE AUSGEFUCHSTEN FRAGEN
IM VORSTELLUNGSGESPRÄCH

Bevor man eine Stelle antreten darf, muss man im Vorstellungs-gespräch einen guten Eindruck hinterlassen. Warum auch nicht? Später ist ja noch genug Zeit, einander hassen zu lernen. Darum will dich dein Arbeitgeber persönlich kennenlernen. Denn er meint, dass er dann die Stelle mit einem geeigneten Kandidaten oder der geeigneten Kandidatin besetzen kann.

Vielleicht stellt sich ja heraus, dass du geldgierig, rücksichts-los und machtgeil bist. Alles Eigenschaften, die du in bestimmten Branchen dringend brauchst. Sonst wirst du von den Haifischen ge-fressen, die ein wenig an ihrer Karriere arbeiten. Oder du bist lahm-arschig, einfallslos und schlecht gelaunt. Schlüsselqualifikationen, die andernorts gefragt sind. Nämlich überall dort, wo andere lahm-arschige, einfallslose, schlecht gelaunte Leute darüber entscheiden, wen sie einstellen. Und das kommt öfter vor, als du meinst.

Allerdings tun diese lahmarschigen, einfallslosen, schlecht ge-launten Leute immer so, als würden sie die quirligen, kreativen Charmebolzen suchen. Also musst du so tun, als wärst du ein quirli-ger, kreativer Charmebolzen, der in Wirklichkeit ein lahmarschiger, einfallsloser, schlecht gelaunter Typ ist. Dann hast du den Job. Bei den geldgiergetriebenen Branchen brauchst du dich hingegen nicht zu verstellen. Wenn die dich einstellen, dann wissen die schon, was du für einer bist. Aber das überhaupt nur am Rande.

Was diese Vorstellungsgespräche nämlich überall so quälend macht, das sind die ausgefuchsten Fragen, die fast immer gestellt werden. Egal, wie gut die Sache für dich läuft, irgendwann ist sie fällig, die böse Testfrage, die hinterhältige Fangfrage, die »Es gibt nur falsche Antworten«-Frage. Der Klassiker lautet: »Und was sind

Ihre größten Schwächen?« Tja, dann mal raus mit deinen Problemen: Deine Versagensängste, dein Kontrollzwang, deine nächtlichen Fressattacken, dein Jähzorn, deine Überempfindlichkeit, deine Bequemlichkeit, deine Harmoniesucht, deine Lust, andere zu belügen, dein Minderwertigkeitskomplex, dein leichter Verfolgungswahn, deine Unordentlichkeit, deine Dickköpfigkeit, deine depressiven Phasen, deine grausamen Machtfantasien, endlich ist mal eine günstige Gelegenheit, das alles auf den Tisch zu legen. Und zu hoffen, dass deine Ehrlichkeit hier mal belohnt wird. Mit einer gut dotierten Stelle, die man zu gerne mit jemandem besetzen würde, der wenigstens mal zugibt, dass er einen gewaltigen Hau weghat.

Ach nein, so ist es gar nicht gemeint? Man will dich nur verunsichern und wartet auf die üblichen Sieger-Antworten wie:»Meine größte Schwäche sind italienische Nudelgerichte.« Oder:»Ich bin völlig unbegabt für Wasserski.« Oder:»Mein Japanisch ist leider nur mittelmäßig.«, wenn du für den Job gerade mal etwas Schulenglisch brauchst.

Andere hinterhältige Frage:»Warum haben Sie sich ausgerechnet bei uns beworben?« Vorsicht, jetzt bloß nicht die Wahrheit sagen: »Weil mich alle anderen Unternehmen abgelehnt haben.«/»Weil ich nach meiner Scheidung viel Geld verdienen muss.«/»Weil ich für die guten Unternehmen einfach zu schlecht bin.«/»Weil meine Mutter Ihre Anzeige ausgeschnitten hat und meinte: ›Entweder du bewirbst dich da – oder du ziehst aus.‹« Oh, oh, leider will das niemand hören. Stattdessen musst du runterbeten, was du auf der Website des Unternehmens an Werbetexten aufgeschnappt hast. Und dann musst du erklären, warum alles, was du in deinem bisherigen Leben getan hast, nur eine Vorbereitung auf die ausgeschriebene Stelle war.

Es gibt noch viele weitere Fangfragen, bei denen du nur verlieren kannst:»Wollen Sie Familie?«/»Ihr Lebenslauf ist ja wirklich beeindruckend. Fühlen Sie sich nicht überqualifiziert?«/»Sie haben ja Frau Krüger, Ihre direkte Konkurrentin, kennengelernt. Erklären

Sie uns, warum wir Frau Krüger einstellen sollen. Und nicht Sie.«
Egal, was du antwortest, sie können dir einen Strick daraus drehen.

Am erniedrigendsten aber ist: Es muss auch noch ehrlich klingen, wenn du den Leuten, die dich einstellen sollen, die Hucke voll lügst. Die wissen das natürlich genau und glauben dir kein Wort. Aber am Ende nehmen sie sowieso wieder den, der zufällig auch aus Hannover kommt.

KOLLEGEN, DIE STÄNDIG GELD SAMMELN

Hallo, alle mal herhören: Die Sandra hat Geburtstag. Nächste Woche schon, du meine Güte, da müssen die Kollegen aber schnell zusammenlegen und ihr was Schönes kaufen, der Sandra. Du kennst die Sandra zwar gar nicht oder du gehst ihr aus dem Weg, weil du sie nicht leiden kannst. Mit ihrem Ayurvedatee, ihrer Diddlmaus und ihren Gute-Laune-Sprüchen. Aber ein Geschenk braucht sie unbedingt, finden deine Kollegen. Zumindest ein bis zwei, die selber auf Geschenke geiern und mit einer großen langen Liste rumgehen, in der verzeichnet wird, wie viel jeder gegeben hat. Wer nichts gibt, darf nachher die bunte Grußpostkarte nicht unterschreiben. Und so ist da nichts zu machen, wenn du nicht als Kollegenschwein dastehen willst: Du musst Geld geben. Immer wieder Geld geben.

Denn es ist ja nicht nur Sandra, die Geburtstag hat. Auch Klaus, Sophie, Jörg und Barbara sind irgendwann dran. Komischerweise haben immer die als Nächste Geburtstag, die es am wenigsten verdient haben. Aber manchmal wird auch für nette Leute gesammelt, was die Sache auch nicht besser macht. Sogar du bist irgendwann mal dran. Wenn du nicht wieder vergessen wirst, weil der Tag auf Ostern fällt. Oder alle krank sind. Oder niemand an dich denkt. Weil du dich nicht in den Vordergrund spielst wie alle anderen.

Und es gibt nicht nur Geburtstage. Vielleicht heiratet Christiane, geht für vier Jahre nach China, Holger hat einen Bandscheibenvorfall gehabt und kommt nächste Woche auf Krücken aus der Reha zurück. Der Sohn vom Hausmeister wird eingeschult. Die Katze der Sekretärin hat Namenstag. Der Pförtner hat heute freundlich gegrüßt. Ganz klar, in solchen Fällen muss ein passendes Geschenk verabreicht werden. Und das kostet nun mal eine Kleinigkeit.

Ständig kommt irgendjemand auf die Idee, aus den fadenscheinigsten Gründen Geld einzusammeln. In der Regel machen das die Kollegen (gerne auch Kolleginnen) mit dem schlechtesten Geschmack. Leute, die in Kitschläden einkaufen, die sich zu Hause weinende Clownsmasken an die Wand hängen und Teddybären im Seemannskostüm auf ein Sofakissen setzen. Das sind diejenigen, die bei dir Geld für Geschenke einsammeln. Um dann das unbrauchbarste Gerümpel einzukaufen, das sie auftreiben können. Zeug, das niemand braucht und das man nur bei Dunkelheit in die Mülltonne stopft, weil es einem zu peinlich wäre, von seinen Nachbarn am helllichten Tag damit angetroffen zu werden.

Wenn einem die Sache nicht so was von egal wäre, müsste man sich darüber aufregen, was da immer für ein Mist zusammengekauft wird. Das heißt – Stopp! – nicht immer. In manchen Fällen ist es auch ganz anders. Dann hat der zu Beschenkende irgendwann mal einen bestimmten Wunsch geäußert. Und diese bestimmten Wünsche, die haben es natürlich in sich. Sagen wir: Der Rolf, der hätte so gerne einen Kickertisch, sein alter Traum aus Kindertagen. Aber nicht irgendeinen Kinder-Kickertisch, nein, so einen richtig großen, schweren, unkaputtbaren Männertisch, wie er in den Spielhallen herumsteht. Meine Güte, das wäre doch toll, wenn wir den Rolf damit überraschen würden! Und dann darfst du richtig tief in die Tasche greifen.

Wenn du selbst mal auf die Idee kommst, irgendwelche Wünsche in die Runde zu streuen: »Kickertisch – finde ich auch super … eine federleichte Teleskop-Karpfenangel mit Korkgriff – könnte ich schon gebrauchen … dieser 32-teilige Picknickkorb würde mich schon mal interessieren …« Dann kannst du lange warten. Deine Kollegen überraschen dich lieber mit einer aufblasbaren Torte, einem sprechenden Schreibtischstaubsauger oder lustigen Einhorn-Hausschuhen aus Plüsch. Nützliche, gehaltvolle Dinge bekommen immer nur die anderen.

Dem ewigen Geldeinsammeln kannst du nur entgehen durch Urlaub, Krankheit oder Tod. Wobei: Hartnäckige Kollegen lassen sich dadurch auch nicht abschütteln. Sobald du wiederkommst, bitten sie dich zur Kasse. Für all die Sammlungen, die du verpasst hast. Und wenn du gar nicht mehr wiederkommst, dann legen sie dir einen scheußlichen Kollegenkranz auf dein Grab. Allein, um das zu verhindern, lohnt es sich, am Leben zu bleiben.

9

CHEFS, DIE IHRE MITARBEITER »BEGEISTERN« WOLLEN

Da hat dein Chef an einem Führungskräfteseminar teilgenommen oder einen Artikel im *Manager Magazin* gelesen. Und plötzlich redet er davon, dass er seine Mitarbeiter »begeistern« will. Das klingt ja zunächst mal ganz sympathisch. Besser jedenfalls als Mitarbeiter ausquetschen, demütigen und in den Burn-out treiben, wie es die anderen Führungskräfte machen. Doch bei näherem Hinsehen läuft die Sache so ziemlich auf das Gleiche hinaus. Nur dass die Chefs, die ihre Mitarbeiter »begeistern« wollen, davon überzeugt sind, dass sie die Allergrößten sind und eigentlich auf die Titelseite vom *Manager Magazin* gehören. Denn letztlich geht es wieder mal um sie selbst. Und was sie unter Begeisterung verstehen, das ist nicht unbedingt das, was wir erwarten, wenn wir hören, dass uns jemand begeistern will.

Du denkst vielleicht an ein überschäumendes Glücksgefühl, an einen rauschartigen Zustand, an Feierei, überraschende Geschenke, Geldregen, an hemmungslosen Sex, alkoholische Getränke und dröhnenden Rock 'n' Roll. Also so ziemlich das Gegenteil von dem, was uns so im Arbeitsalltag erwartet. Und daran soll sich auch nichts ändern. Denn dein Chef will dich gar nicht mit Alkohol, Sex oder Rock 'n' Roll zudröhnen. Vielmehr ist er der Ansicht: Die einzige Droge, die seine Leute in der gewünschten Art und Weise begeistern kann, ist er selbst.

Und das funktioniert dann so: Sobald dein Chef irgendwo auftaucht, sollen alle Anwesenden vor Freude überschnappen. Das ist die neue Arbeitsteilung: Die einen jubeln, der andere lässt sich bejubeln. Klares Zeichen, dass ihr stramm auf Erfolgskurs segelt. Ist die Stimmung mies, dann zweifelt dein Chef nicht etwa daran, ob er wirklich eine so mitreißende Persönlichkeit ist. Sondern die

Mitarbeiter sind schuld, diese trüben Tassen. Sie sind einfach nicht »begeisterungsfähig«. Und begeisterungsfähig muss man heute sein, sondern können wir gleich einpacken, im Wettbewerb gegen diese stets gut gelaunten Amerikaner, Chinesen und Inder.

Du musst jetzt nicht nur deine Arbeit gut machen, sondern das Ganze auch noch mit besinnungsloser Begeisterung tun. Die normale Arschkriecherei reicht nicht mehr. Du musst jetzt auch noch den Anschein erwecken, als würde dich das Ganze glücklich machen. Schlimmer kann es nur noch kommen, wenn dein Chef zusätzlich noch ein weiteres Ziel ausgibt: Die Kunden müssen ebenfalls begeistert werden. Und das darfst du dann übernehmen: verwöhnte, genervte, bösartige oder notorisch gelangweilte Leute in Hochstimmung versetzen. Die dir vor allem eines unterstellen: dass du sie über den Tisch ziehen willst. Was ja auch stimmt. Aber was willst du machen? Begeisterte Mitarbeiter, begeisterte Kunden, erst dann ist die wundersame kleine Welt deines Chefs wirklich in Ordnung.

10

SCHLAUE FÜHRUNGSKRÄFTE, DIE MAL NACHSEHEN, OB DU AUCH WIRKLICH ARBEITEST

Viele Vorgesetzte haben keine Ahnung, was ihre Mitarbeiter den lieben langen Tag so treiben. Hätten sie aber gerne. Denn sie glauben, ihre Leute tun nichts. Oder zu wenig. Oder nur Dinge, die ihnen Spaß machen. Das muss so ein Vorgesetzter natürlich verhindern. Denn die Mitarbeiter sollen sich zwar »begeistern« lassen (siehe Nr. 9: *Chefs, die ihre Mitarbeiter »begeistern« wollen*), aber nur für Dinge, von denen normale Leute gerade nicht begeistert sind. Von ihrem Vorgesetzten zum Beispiel.

Dabei könnten die Vorgesetzten doch eigentlich ganz entspannt sein. Solange sich keiner bei ihnen beschwert und die Zahlen stimmen, können sie sich in ihrem Chefsessel zurücklehnen, Mitarbeiterbeurteilungen auswürfeln oder auf Meetings mal die Seele baumeln lassen. Und euch in Ruhe eure Arbeit machen lassen.

Aber das bringen Führungskräfte nun mal nicht fertig. Vor allem die, die sich überhaupt nicht auskennen, versuchen dir weiszumachen, dass du sie nicht so leicht austricksen kannst. Das macht den Umgang mit ihnen so anstrengend. Sie probieren, dir Fallen zu stellen oder dich zu überrumpeln. Darum tauchen sie plötzlich an deinem Arbeitsplatz auf. Wie ein Raubtier auf Beutefang. Sie wollen einfach mal nachsehen, was du so machst. Ob du dich überhaupt genug anstrengst für das viele Geld, das du Monat für Monat davonträgst. Oder ob du nicht den ganzen Tag mit den Büropflanzen redest oder Chefwitze im Internet postest.

Um das herauszufinden, stellen sie die erniedrigende Frage: »Woran arbeiten Sie gerade?« In der heutigen vernetzten Arbeitswelt lässt sich darauf immer schwerer eine Antwort finden. Man wird doch ständig unterbrochen und hat tausend Dinge gleichzeitig zu tun. Man hat den Kopf überhaupt nicht frei, um noch darüber nachzudenken, was man überhaupt macht. Außerdem werden die Grenzen zwischen den Aufgaben von Tag zu Tag durchlässiger. Man weiß gar nicht mehr so genau: Ist das noch Aufgabe A, an der man sich abarbeitet? Oder ist man gedanklich bereits zu Aufgabe B übergegangen, von der man noch gar nicht sagen kann, worin sie eigentlich besteht?

Gute Chefs wissen das. Und stellen nicht so unsagbar dumme Fragen. Was würde dein Vorgesetzter wohl erwidern, wenn du mal bei Gelegenheit den Spieß umdrehst und von ihm wissen willst, was er eigentlich so treibt – außer verdiente Mitarbeiter von der Arbeit abzuhalten?

Aber weil man gegenüber dem Chef niemals den Spieß umdrehen darf, stammeln wir irgendeinen Käse und fühlen uns ertappt. Das ist überhaupt das Allerschlimmste: dass der uns jetzt für einen Problemfall hält, den man genauer im Auge behalten muss. Das soll uns nicht noch mal passieren. Und so bereiten wir für das nächste Mal eine Antwort vor, die ihn von den Socken haut. Doch leider lässt er sich jetzt nie wieder bei uns blicken.

11

CHEFS, DIE NIEMALS ZU SPRECHEN SIND

Eine bewährte Faustregel im Arbeitsleben lautet: Je weniger sich der Chef blicken lässt, umso besser läuft die Sache. Für viele ist die schönste Zeit im Jahr gar nicht ihr Urlaub, der ja meist sowieso grauenhaft wird. Sondern wenn der Chef verreist ist, auf irgendwelchen Kongressen rumsitzt oder mit kostspieligen Events für Topentscheider ruhiggestellt wird. Dann kommen wir auf die besten Ideen und können ungestört unserer Arbeit nachgehen.

Aber manchmal, da musst du deinen Chef eben doch mal sprechen: weil du eine Entscheidung brauchst. Er soll sagen, was gemacht wird, ehe du die Sache so oder so an die Wand fährst. Dann hängt er mit drin; und nur dann kann die Angelegenheit wie üblich vertuscht werden. Vielleicht willst du aber auch mehr Gehalt, Sympathiepunkte sammeln, Kollegen schlechtmachen oder einfach zeigen, dass du noch existierst. Im Unterschied zu den meisten anderen in deiner Gehaltsklasse.

Doch genau dann, wenn du ihn sprechen willst, kommst du an deinen Chef nicht mehr heran. Sogar wenn er Zeit hat, in seinem Chefbüro sitzt und nur darauf wartet, dass ihn endlich mal jemand stört, ist er nicht zu sprechen. Denn das zeichnet einen richtigen Chef aus: dass ihn dauernd jemand stört und sprechen will. Einen richtig bedeutsamen Chef erkennst du daran, dass er einen langen Kometenschweif von Leuten hinter sich herzieht, die ihn alle stören und sprechen wollen.

Damit sich so ein Kometenschweif überhaupt bilden kann, müssen die Leute hingehalten und gewissermaßen aufgestaut werden. Dafür zuständig ist die Chefsekretärin, die man heute »Assistentin« nennt. Mit der musst du einen Termin vereinbaren, einen Termin mit deinem Chef. Und das geht natürlich nicht, ohne dass Sätze

gesagt werden wie: »Oh, diese Woche ist ganz schlecht. Alles total dicht. Es ist aber auch wirklich schlimm. Uh, mal sehen, wann wieder was frei ist ...« Diese Terminvereinbarung soll vor allem eines klarstellen: Du hast immer Zeit, dein Chef nie. Am Ende hast du deinen Termin, den die Chefsekretärin immer noch irgendwo reingefriemelt hat. Sei aber bloß pünktlich.

Selbstverständlich lässt dich dann dein Chef noch warten. Je länger desto Chef. Besser noch: Er lässt den Termin platzen. Ihm ist noch etwas dazwischengekommen. Am besten aber: Er hat die Sache einfach vergessen. Dabei hat ihn die Assistentin noch extra daran erinnert. Aber er hat so viel um die Ohren, der Wahnsinn, da gehen immer mal ein paar Termine verloren. Und zwar mit Leuten wie dir.

Durch die verschleppten Termine sind immer mehr Leute hinter deinem Chef her. Der fühlt sich immer wichtiger und lässt noch mehr Termine platzen. Bis sich eine richtige Monsterwelle von Gesprächswünschen vor ihm auftürmt. Und genau darum geht es: um das Gefühl, schwindelerregend gefragt zu sein.

Dagegen kommst du nicht an. Chefs genießen so was. Manche von ihnen werden nur deswegen überhaupt Chef. Denn es ist das Einzige, was sie wirklich gut können: dass sie einfach nicht zu sprechen sind.

12

IRRSINNIGE CHEFIDEEN

Wieso hat eigentlich immer der eigene Chef die dümmsten Ideen? Ganz einfach, weil er sich für besonders schlau hält. Und so etwas rächt sich immer. Leider nicht an ihm, sondern dummerweise an den Mitarbeitern, die ständig irgendwelche irrsinnigen Chefideen ausbaden müssen. Während dein Chef selbst oft gar nicht mitbekommt, wie unausgegoren seine Einfälle sind. Denn jeder versucht das vor ihm zu verheimlichen.

Nun machen manchmal auch Mitarbeiter haarsträubende Vorschläge. Doch richten sie damit nur selten Schaden an. Denn wenn ein Mitarbeiter eine Idee äußert, dann bekommt er erst mal eins aufs Dach. Taugt sie nichts, fallen alle über ihn her und breiten genüsslich aus, warum die Sache nicht funktionieren kann. Handelt es sich um eine richtig gute Idee, dann wird die natürlich erst recht abgewürgt. Es sei denn, der Mitarbeiter greift eine Lieblingsidee vom Chef auf. Aber dann ist es ausgeschlossen, dass es sich um eine gute Idee handelt.

Es ist nämlich so: Der Chef bekommt seine Einfälle in aller Regel nicht, wenn er sich mit seinen Mitarbeitern auseinandersetzt, sie befragt, ihnen zuhört und dann eine Lösung ausknobelt. Meist hat er die Idee irgendwo aufgeschnappt, im Flugzeug darüber gelesen, bei der Konkurrenz entdeckt oder sich von einem Cheffreund einreden lassen. Und so haben all diese Chefideen eine Gemeinsamkeit: Sie taugen nichts. Man muss sie verhindern, um Unglück von der Abteilung, dem Unternehmen, der Menschheit abzuwenden. Die Kunst besteht darin, das so zu machen, dass der Chef das gar nicht mitbekommt.

Das schaffst du nur, wenn du deinem Chef weismachst, dass du seine irrsinnige Idee für eine richtig gute Sache hältst. Sonst bist du ein Bremser und »Bedenkenträger«. Und wenn die Sache schiefgeht – was sich sowieso nicht vermeiden lässt –, dann bekommst du nicht etwa recht, sondern es ist ja wohl klar, wer schuld daran hat: du Bremser und Bedenkenträger nämlich.

Weil das nach kurzer Zeit jeder begriffen hat, sagen alle, dass die irrsinnigen Chefideen richtig gut sind, ja visionär. Und dass man sich darauf freut, sie »umzusetzen«. In Wirklichkeit arbeitet jeder daran, die irrsinnige Chefidee unschädlich zu machen, sie abzuändern, sie in ihr sozialverträgliches Gegenteil zu verkehren. Und zwar so, dass es so aussieht, als würde man sich ganz besonders reinhängen, um die grandiose Chefidee zu verwirklichen.

Und doch wird es am Ende wieder mal nichts nützen. Denn geht die Sache schief, seid ihr natürlich schuld. Ihr habt nicht das gemacht, was der Chef von euch verlangt hat. »Wir haben kein Erkenntnisproblem, wir haben ein Umsetzungsproblem«, heißt es dann in der Chefetage. Und das Umsetzungsproblem, das seid ihr, die ihr jetzt an die ganz kurze Leine genommen werdet. Hat die Sache jedoch Erfolg, ist es noch viel schlimmer. Denn der Chef fühlt sich dadurch nur bestärkt in seinem Wahn. Er gibt Weisheiten von sich wie: »Um zu erreichen, was noch nie erreicht wurde, muss man Wege gehen, die niemand vorher gegangen ist ...« Oder er zitiert den Revolutionär Che Guevara: »Seien wir realistisch. Versuchen wir das Unmögliche.« Und dann brütet er viele neue irrsinnige Chefideen aus, die noch tausendmal schlimmer sind als die vorherigen.

13

SEMINARLEITER, DIE JEDEN SCHEISS »GANZ SPANNEND« FINDEN

Eigentlich eine Supersache: Einmal im Jahr darfst du zur Fortbildung. Vielleicht darfst du dir das Seminar sogar selber aussuchen und musst nicht einen von diesen beinharten Computerkursen belegen, die von diesen Nerds gegeben werden, die am Computer alles können, nur nicht erklären. Nehmen wir mal an, du darfst selbst wählen. Aus einem dieser Kataloge oder im Internet. Da gibt es Kurse für Zeitmanagement, Gedächtnistraining, Erfolgsfaktor Stimme, Fit im Büro, Fit im Kopf, Jonglieren, Schlagfertigkeit, Körpersprache, Gedankenlesen und was man sonst so braucht, um im Beruf voranzukommen. Es soll sogar einen Flirtkurs geben, da steht hinterher auf der Rechnung »Kommunikationstraining«. Damit später niemand Verdacht schöpft. Der Chef nicht, das Finanzamt nicht und die eigene Partnerin auch nicht. Denn dieser Kurs wird selbstverständlich nur von Männern gebucht. Von Männern, die bereit sind, an ihre Grenzen zu gehen und wildfremde Frauen zum Kaffee einzuladen.

Überhaupt ist es eine interessante Frage, ob man es hinterher den Leuten anmerkt, welches Seminar sie belegt haben: War André auf dem Flirtseminar oder sind das die Spätfolgen von »Excel-Tabellenkalkulation für Fortgeschrittene«? Oder war er beim Pferdeflüsterer auf dem Führungskräfte-Workshop »Lernen von den Hengsten«?

Aber du machst diese bunten Seminare natürlich nicht zum Spaß. Es soll etwas dabei herauskommen. Nur kontrolliert das niemand so genau. Warst du beim Gedächtnistrainer, lässt dich keiner hinterher irgendwelche Namen von Kunden oder Ersatzteilen runterbeten und macht einen Vermerk in deiner Personalakte, wenn du ins Stocken kommst. Hast du nach dem Seminar »Erfolgsfaktor Stimme« noch immer nicht deinen quäkenden Tonfall abgelegt, bekommst du keinen Ärger. Sondern darfst dich sogar wie der Klassenbeste für das Nachfolgeseminar »Erfolgsfaktor Stimme II« anmelden. Denn es läuft genau andersrum: Nicht der Seminarleiter bewertet die Teilnehmer und lässt die schlechten durchfallen. Sondern die Teilnehmer bewerten den Seminarleiter. Und dann wird entschieden, ob sich die Sache gelohnt hat. Oder ob man den Pferdeflüsterer nicht wieder auf die Koppel schickt.

Du denkst erst: So soll es sein. So hätte man es auch früher machen sollen, in der Schule. Dann hätten sich die Lehrer bestimmt mehr angestrengt, dass du etwas lernst und noch deinen Spaß dabei hast. Aber dann merkst du: Das ist doch keine ganz so gute Idee. Denn für die Seminarleiter geht es gar nicht darum, euch etwas beizubringen. Sondern: gute Noten zu bekommen. Richtig gute Noten. Und zwar von allen.

Um dieses Ziel zu erreichen, verfallen manche Seminarleiter auf die schlimmstmögliche Lösung: Sie kriechen euch in den Arsch. Das wäre nur halb so schlimm, wenn die anderen Seminarteilnehmer nicht wären. Denn wenn du jemals an einem Seminar teilgenommen hast, dann weißt du, dass da nicht nur Leute drinsitzen, die so schlau sind wie du. Sondern auch Menschen, die gerade in dem betreffenden Fach gewaltige Defizite haben. Genau darum haben sie das Seminar ja ausgewählt. Sie wollen die Flirtkönige, Gedächtniskünstler oder Stimmwunder der Abteilung *werden*. Sie sind aber es noch lange nicht. Oder ihr Chef hat sie geschickt: »Krüger, Sie können nicht mit Menschen umgehen. Gehen Sie mal zum Pferdetrainer und arbeiten sich ganz behutsam zum Menschen hoch.«

In jedem Fall triffst du in Seminaren auf Leute, die jede Menge Mist erzählen, die an den leichtesten Übungen scheitern und im albernsten Rollenspiel kläglich versagen. Und was sagt dann der Seminarleiter dazu? Gar nichts sagt er. Weil er es sich mit niemandem verderben will, lässt er lieber erst mal die anderen Teilnehmer ablästern. Aber die lästern meist auch nicht, jedenfalls nicht so, wie es angemessen wäre. Denn sie sind ja als Nächste dran und fürchten (völlig zu Recht), dass dann die gesamte Meute über sie herfällt. Weil sie nun eben auch keine Großmeister des Rollenspiels sind oder beim Pferdetraining fürchten, dass die schlaue Stute ihren miesen Charakter durchschaut und sich ebenfalls keinen Zentimeter vom Fleck bewegen lässt. Genauso wie bei dem Tollpatsch, der jetzt gerade dran ist.

Fällt keinem mehr was ein, ergreift der Seminarleiter das Wort. Und lobt hemmungslos. Alles, was es zu loben gibt. Und noch viel mehr. Immerhin will er später ja ebenfalls für eine unterdurchschnittliche Leistung die Bestnote einheimsen. Und was richtig schlecht war, dazu sagt er: »Ich fand es ganz spannend, was der Jochen da gemacht hat.« Das soll so viel heißen wie: zumindest mal eine wertvolle Erfahrung. Für den Jochen. Und für alle, die Zeugen seiner kolossalen Blamage werden durften.

Ganz klar: Wer immer nur zu hören bekommt, dass alles, was er macht, »ganz spannend« ist, bei dem ist der Lerneffekt null Komma null. Das könnte uns ja noch egal sein. Was die Angelegenheit aber so entsetzlich macht: Ausgerechnet die Leute, die zuverlässig die »spannendsten« Beiträge abliefern, fühlen sich ermutigt und übernehmen schließlich das Seminar. Am Ende haben wieder einmal die Doofen gesiegt. Nicht gerade das, was der Seminarleiter vorhatte. Aber Hauptsache, er bekommt seine guten Noten und darf nächstes Mal wieder ran. Mit neuen Teilnehmern, die wieder jede Menge »Spannendes« zu sagen haben. Dabei sollte doch jeder wissen: Wenn »nett« die kleine Schwester von »scheiße« ist, dann ist »spannend« der große Onkel von »Dünnschiss«.

14

DEUTSCHE, DIE MIT AMERIKANISCHEM AKZENT ENGLISCH SPRECHEN

Reden wir nicht drum herum: Um beruflich voranzukommen, musst du Englisch können. Möglichst »verhandlungssicher«. Was so viel heißt, dass du den Unterschied zwischen »yes« und »no« kennen solltest und mindestens einen guten Witz erzählen kannst, um für eine entspannte Verhandlungsatmosphäre zu sorgen, ehe sie dich wieder über den Tisch ziehen, diese Amerikaner, Briten, Dänen und Chinesen. Aber so wäre es natürlich auch gekommen, wenn du in deiner Muttersprache verhandelt hättest.

Und doch lässt es sich nicht abstreiten: Wer gut englisch spricht, der hat ein Ass im Ärmel, mit dem er seine Konkurrenten ausstechen kann. Und nicht nur die. Keine andere Sprache kann da mithalten. Mit Französisch gehst du vielleicht als Weinkenner oder Saarländer durch, spanisch sprichst du, weil du spanische Freunde hast oder dich irgendwann nach Andalusien absetzen willst. Und alle anderen Sprachen sind sowieso zu schwer, um damit Eindruck zu schinden.

Nur Englisch verleiht einem die Aura von Weltläufigkeit und Internationalität. Darum benutzen wir ja auch so gerne englische Begriffe. Weil wir zeigen wollen: So provinziell, wie wir wirken, sind wir gar nicht. Manche setzen noch eins drauf, indem sie lässig zwischen einem glasklaren Hochdeutsch und einem kennerhaft zerknautschten Amerikanisch hin und her »switchen«: Holy shit, da haben die braven Kollegen mit ihrem Schul- und Crashkurs-Englisch das Nachsehen. Und auch die Sprachtalente, die sich auf ein akkurates Oxford-Englisch verlegt haben, können nicht dagegen annäseln. Die Deutschen mit dem amerikanischen Akzent quatschen sie locker an die Wand. Auch weil sie gerne Redensarten

und Ausdrücke einstreuen, die außer ihnen und den Straßengangs von New York niemand versteht.

Und das macht diese Leute so abstoßend. Mit ihrem Akzent wanzen sie sich an die Amerikaner heran und lassen ihre Landsleute alt aussehen. Sie sind keine doofen Deutschen mehr, sondern gehören irgendwie dazu, zur globalen Business-Community, in der nun mal die Amis den Ton angeben. Ob das die echten Amerikaner auch so sehen, wollen wir mal locker bezweifeln.

Ein leichter deutscher Akzent ist nämlich gar nicht schlecht, wenn du aus Deutschland kommst. Wir finden es ja auch ganz charmant, wenn Amerikaner, Engländer oder Franzosen mit ihrem landesüblichen Akzent deutsch reden. Solange man sie versteht, ist doch alles in Ordnung. Und wir würden sie gewiss nicht ernster nehmen, wenn sie uns in gewolltem Berlinerisch anplärren würden: »Ick jlob, mir laust da Affe, wa?«

15

LOB UND DIE FOLGEN

Lob? Wer ärgert sich denn über Lob? Lob ist doch eine tolle Sache. Wir alle gieren nach Lob und Anerkennung. »Haben Sie Ihr Kind heute schon gelobt?«, wurdest du früher von einem politisch korrekten Aufkleber ermahnt. Endlich mal ein paar freundliche Worte hören für das, was wir geleistet haben. Kommt ja selten genug vor. Was soll so schlimm daran sein?

Zugegeben, es gibt bestimmt wenig Leute, die sich aufregen, wenn sie am Arbeitsplatz gelobt werden. Aber genau das ist ja der Fehler, wie du gleich sehen wirst. Nicht in allen Fällen, aber es kommt öfter vor, als man denkt. Dabei ist an dem Lob selbst erst mal gar nicht so viel auszusetzen. Das Schlimme sind die Folgen.

Was soll denn da passieren, fragst du dich. Wenn du gelobt wirst, da passiert doch nichts. Und genau davon rede ich: Es passiert nichts. Zumindest nichts Gutes. Du wirst gelobt, und damit hat sich die Sache. So läuft das nämlich: Du hast irgendetwas Außergewöhnliches geleistet. Du hast deine Sache richtig gut gemacht. Und dann wirst du gelobt: »Was die Katja da gemacht hat – toll.« Du bist dankbar, reagierst vielleicht verlegen und sagst: »Ach, das war doch nichts Besonderes.« Und im Stillen denkst du: Großartig, jetzt geht es aufwärts.

Geht es aber nicht. Verlass dich drauf. Du wirst nicht gelobt, weil dir die verdiente Belohnung bevorsteht. Sondern weil dir die verdiente Belohnung vorenthalten werden soll. Ohne dass du sauer wirst. Ohne dass du dir sagst: Die ganze Anstrengung hat sich nicht gelohnt. Ganz richtig, wer gelobt wird, der wird verarscht. Jawohl, verarscht. Achte mal drauf. Bist du nach einem Lob schon mal befördert worden? Hast du mehr Gehalt oder Honorar bekommen?

Bist du zum Projektleiter ernannt worden? In ein größeres Büro umgezogen? Nein? Was für ein Zufall aber auch.

Und es kommt noch schlimmer: Wenn du gelobt wirst, dann ziehst du die ganze Abneigung deiner Kollegen auf dich. Die denken nämlich: »Wieso der? Und nicht ich? Wird der demnächst befördert? Bekommt mehr Gehalt oder Honorar? Wird Projektleiter? Darf in ein größeres Büro umziehen? Das muss unbedingt verhindert werden. Sonst habe ich das Nachsehen.«

Die Fachleute nennen das übrigens den »Krabbeneimer-Effekt«: Lauter Krabben in einem Eimer, manche versuchen herauszukrabbeln. Das würde ihnen sogar gelingen, wenn sie nicht immer wieder von den anderen Krabben zurückgezogen würden. Die wollen es nämlich selber schaffen. Und so bleiben alle Krabben für immer und ewig im Eimer.

Ganz unten angekommen bist du übrigens, wenn schon deine Kollegen anfangen, dich zu loben: »Mensch, der Nöllke, immer so freundlich und hilfsbereit. Und sein letztes Projekt – wow, da habe ich gestaunt.« Dann kannst du sicher sein: Als Konkurrent nimmt dich hier niemand mehr ernst.

16

HUMOR AM ARBEITSPLATZ

Es gibt tatsächlich Leute, die behaupten: Humor am Arbeitsplatz, das wäre eine feine Sache. Man würde alles nicht so verbissen sehen, ein paar lustige Sprüche zum Besten geben und die Leistungsfähigkeit aller Anwesenden würde durch die Decke gehen. Humor entspannt, ist gesund und macht erfolgreich. Es gibt sogar Seminare, in denen du Humor als »Erfolgsstrategie im Beruf« lernen kannst. Wie kommen die bloß darauf, so einen Quatsch zu erzählen? Humor am Arbeitsplatz, das gehört überhaupt zu den finstersten Kapiteln, die wir in diesem Buch ansprechen müssen.

Nehmen wir nur mal den Chef oder die Chefin. Bitte mal Handzeichen: Wer will einen humorvollen Boss? Aha, immerhin einige. Aber doch nur weil ihr euch so einen milden, selbstironischen, lebensklugen Menschen vorstellt. Richtig? Und jetzt überlegt mal: Wie viele milde, selbstironische, lebenskluge Menschen landen mit ihrem Humor auf dem Chefsessel? Nicht viele, oder? Die sind nämlich die Ersten, die von den scharfen, rücksichtslosen Ellbogenmenschen mit ihrem Bulldozerhumor weggerempelt werden. Aber auch wer ganz friedlich und unbemerkt aufsteigt, der verdankt das so gut wie nie seinem feinsinnigen Witz.

Sagen wir es offen: Chefhumor, der ist laut, auftrumpfend, vulgär. Ein Mittel, andere zum Schweigen zu bringen und seine Gefolgsleute hinter sich zu versammeln. Wer eine schnelle und zuverlässige Art sucht, sich den Chef zum Feind zu machen, beherzige folgenden Rat: Wenn er einen Scherz macht, lachst du nicht mit. Wer hingegen in der Runde am lautesten lacht, das kann nur der größte Arschkriecher sein. Auf seinem Weg nach oben.

Eine zweite, nicht weniger widerliche Spielart des Chefhumors ist die Häme. Ein armes Schwein, das sich nicht wehren kann, wird vor

allen anderen bloßgestellt. Das kann so peinlich sein. Als normal veranlagter Mensch weiß man gar nicht, wo man hingucken soll. Besser nicht in die Gesichter der Anwesenden, von denen manche auch noch unterwürfig vor sich hin grinsen.

Aber auch die Späße der Kollegen gehen einem nach kurzer Zeit auf die Nerven. Immer wieder die gleichen ausgelutschten Sprüche. Wie soll man mit Leuten zusammenarbeiten, die jeden Tag »zum Bleistift« sagen? Oder: »Die Firma dankt«? Oder: »Das kann ja Eiter werden«? Die sich am Telefon mit »Wer stört?« melden, wenn ein Kollege anruft. Und die sich mit »Tschüssikowski« oder »Wir sehen uns in der Hölle!« verabschieden?

Manche Kollegen amüsieren sich auf andere Art und spielen einem lustige Streiche, Fachleute sagen auch »Mobbing« dazu. Und wenn du selbst Vorgesetzter bist, dann kannst du erst recht auf die Scherze deiner Mitarbeiter verzichten. Denn wenn die versuchen, dich zum Lachen zu bringen, dann nur aus einem von drei niederen Beweggründen: a) Sie wollen sich bei dir einschleimen, hahaha! b) Sie wollen einen Kollegen runtermachen, hahaha! c) Sie haben einen Fehler gemacht und versuchen jetzt auf die lustige Art davon-zukommen, hahaha!

Also, bitte, bitte, bitte! Verschont uns mit euerm Humor! Lasst uns wenigstens am Arbeitsplatz mit diesem Folterwerkzeug in Ruhe. Keine Witze, keine Späße, keine lustigen Bemerkungen mehr. Dann werdet ihr feststellen: Man kann wunderbar entspannt mit-einander arbeiten – solange jeder auf seine Erfolgsstrategie Humor verzichtet.

17

GEWIEFTE NETWORKER UND KONTAKTPFLEGER

Woran liegt es eigentlich, wenn Leute Karriere machen? An ihren exzellenten Leistungen, ihrem souveränen Auftreten, ihrer überragenden Intelligenz? Natürlich nicht, sonst wärst du ja schon ganz oben und würdest diesen ganzen verdorbenen Intriganten und Schleimbeuteln mal gepflegt auf den Kopf spucken. Nein, das Erfolgsrezept heißt »Networking«. Das glauben zumindest die, bei denen die drei eben genannten Eigenschaften nicht zu den hervorstechenden gehören. Und die dennoch ganz groß rauskommen wollen. Die üblichen Arschgesichter halt.

Networking bedeutet: sich mit den richtigen Leuten zu verbinden, ein Kontaktnetz zu weben, das einem beim beruflichen Aufstieg hilft. Klingt erst mal ganz gut. Aber warte mal ab.

Denn es fragt sich natürlich: Warum helfen einem die anderen bloß? Und versuchen nicht, einen reinzulegen, auszutricksen, anzuschwärzen wie sonst immer, wenn es um die Karriere geht? Die Networker wollen uns weismachen: weil man sich *gegenseitig* hilft. Wer dir die wichtige Information steckt, gegenüber dem Boss mal ein freundliches Wort über dich fallen lässt oder dich zum Projektleiter krönt, der macht das, weil er weiß: Du würdest auch mal was für ihn tun. Und hier fängt es an, interessant zu werden.

Networking funktioniert nämlich nicht, wenn man einen immer größeren Schweif von Leuten hinter sich herzieht, denen man noch einen Gefallen schuldet. Nein, es muss andersrum laufen. Erst mal tun dir die gewieften Networker einen Gefallen. Und dann darfst du auch mal was für sie tun. Klingt doch noch besser, meinst du. Aber warte mal ab.

Networker sind freundliche Menschen. Manche schreiben das Wort sogar mit Doppel-T, um darauf aufmerksam machen, wie nett die ganze Sache doch ist. Sie finden sogar die Assistentin vom Boss charmant. Auch wenn die den ganzen Tag nichts anderes zu tun hat, als Leute abzuwimmeln. Und zwar so, dass sie möglichst nicht so schnell wiederkommen (siehe Nr. 11: *Chefs, die niemals zu sprechen sind*). Aber gewiefte Networker sagen sich: Gerade wenn alle anderen so garstig sind, kann ich die Schnepfe vielleicht für meine Zwecke einspannen, wenn ich mal ein bisschen nett bin. Pralinen, Blumen oder andere Bestechungsgeschenke anschleppe. Frage, wie es im Urlaub gewesen ist. Und mir sogar die Antwort noch anhöre. Kurzfristiger Termin beim Chef? Kein Problem.

Oder auch der Pförtner. Alle arroganten Säcke gehen an ihm vorbei. Ohne auch nur »Guten Tag« zu sagen. Gibt ja nicht mehr viele in der Firma, auf die man sonst noch herabsehen könnte. Seit die Praktikanten alle ein Hochschulstudium hinter sich haben und die Zeitarbeiter von der normalen Belegschaft nicht zu unterscheiden sind. Networker hingegen sind auch nett zu Pförtnern. Denn man weiß ja nie, ob nicht der Tag kommen wird, an dem einem der Pförtner noch aus der Patsche helfen kann. Einen noch rein- oder rauslässt oder einem mitteilt, dass die Polizei oben auf einen wartet. Gerade in Grenzsituationen sollte man auf die Unterstützung von Pförtnern nicht leichtfertig verzichten.

Doch die Beispiele vom Pförtner und der Assistentin lassen es schon ahnen: Networker tun dir nur dann einen Gefallen, solange es sie nicht viel kostet. Handfeste Vorteile kannst du von denen nicht erwarten. Es sei denn, du spendierst ihnen ein noch größeres Ding. Und sie geben sich nur mit dir ab, solange sie sich etwas von dir versprechen. Glaub bloß nicht, dass so ein Networker noch einen Finger für dich krümmt, wenn dein Stern sinkt oder er bessere Kontakte hat als dich. Das kann richtig demütigend sein. Wenn du mit diesem gewieften Networker immer so schön essen gegangen bist. Und plötzlich hat er keine Zeit mehr für dich. Dann weißt du: Da hat dich einer buchstäblich abgehängt.

Networker sind berechnende Leute. Das macht sie so abstoßend. Für sie geht es nur darum, immer die jeweils richtigen Leute anzugraben – und wieder fallen zu lassen. Am Anfang nehmen sie dich gerne in den Kreis ihrer Helfershelfer auf. Aber wenn sie ihr Netzwerk weiter ausbauen, dann können sie irgendwann auf dich verzichten. Und du bist ihnen nur noch lästig. Keine Kontaktpflege mehr. Sie plaudern noch mit dem Pförtner, aber nicht mehr mit dir. Und du erkennst: Networking ist Arschkrieching 2.0.

18

KOLLEGEN, DIE KRANK ZUR ARBEIT KOMMEN

Wer krank ist und zu Hause bleibt, macht sich bei seinen Kollegen nicht gerade beliebt. Die meinen nämlich: Die ganze Arbeit bleibt jetzt an uns hängen. Während der Kollege zu Hause ein paar gepflegte Wellnesstage einlegt. Und was heißt überhaupt krank? Krank sind wir doch irgendwie alle.

Das stimmt zwar einerseits. Doch andererseits stimmt noch mehr das Gegenteil: Viel schlimmer als ein kranker Kollege, der es sich zu Hause gut gehen lässt, ist einer, der sich noch zur Arbeit schleppt. Denn erstens ist der sowieso keine Hilfe. Er ist ja krank und macht noch mehr Mist als in seinem Normalzustand. Oft unterlaufen diesen fiebernden Kollegen schlimme Fehler, die alle anderen ausbügeln müssen. Und beschweren darf man sich auch nicht über ihn. Oder über sie, denn Kolleginnen sind da um keinen Deut besser. Wer krank ist, hat Schonung verdient. Das ist ja wohl klar. Ablästern darf man nicht, wenn die Kollegin mit dickem Schal und blechernem Husten in einer Mentholwolke hinter ihrem Schreibtisch leidet. Im Gegenteil, jeder muss sie bedauern und unterstützen. Das ist der zweite Nachteil. Denn wenn sie zu Hause wäre, dann müsstest du zwar für sie einspringen. Aber du hättest wenigstens freie Hand. Könntest in ihren Unterlagen rumwühlen und dich beschweren, dass in diesem Chaos keiner durchblickt. Aber solange sie aus ihren rotgeränderten Fieberaugen verfolgt, was du so alles anstellst, sind dir die Hände gebunden.

Und dann ist da natürlich noch die Ansteckungsgefahr. Eigentlich müsste hier der Vorgesetzte einschreiten und sagen: »Also, Freunde, so geht es ja nicht. Wenn ihr krank seid, dann bleibt gefälligst zu Hause und hustet eure Keime auf eure Familienangehörigen ab. Abmarsch, nach Hause!« Aber so etwas äußern die wenigsten

Vorgesetzten. Manchmal bekommen sie die Kranken gar nicht mehr persönlich zu Gesicht. Sie hocken in irgendwelchen Besprechungen und verständigen sich mit ihren Mitarbeitern nur noch über E-Mail oder SMS. Und ihre kleinen menschlichen Schwächen kennen sie nur durch die Aufzeichnungen der Überwachungskameras. Aber auch diejenigen, die ihre Mitarbeiter vom Grippeschal umwickelt vor der Nase haben, schicken die nur selten nach Hause. Warum? Weil sie meinen: Jemand, der es *in diesem Zustand* auf den eigenen zwei Beinen zu seiner Arbeitsstelle geschafft hat, der ist noch zu ganz anderen Leistungen imstande. So was nennt man »Mitarbeiterpotenziale erkennen und fördern«. Zumindest wenn man im Chefsessel sitzt.

Damit kommen wir zum vierten und letzten Nachteil. Und der ist überhaupt am schlimmsten: Wenn sich deine Kollegen halb tot in die Firma schleppen, um leidend ihren Projektbericht abzuschließen oder dem Kunden das Angebot zu mailen, dann wird die Messlatte gewaltig nach oben verschoben. Was früher als schlimme Krankheit zählte, das ist jetzt völlig normal. Wenn du eine Grippe in dir hochsteigen fühlst, dann konntest du die früher durch ein paar Tage Bettruhe niederkämpfen. Noch bevor sie richtig ausgebrochen war. Prophylaxe hieß das Zauberwort, mit dem wir ganz entspannt unter jeder Grippewelle wegtauchten. Das geht jetzt nicht mehr. Heute darfst du nur noch zu Hause bleiben, wenn du tot bist. Mit ein bisschen Fieber geht es dir besser als den meisten anderen, bei denen sich das Fieber gar nicht mehr traut auszubrechen. Und ein Bandscheibenvorfall gilt sogar als gutes Zeichen: Du bist der einzige in der Abteilung, der noch ein Rückgrat hat.

19

DIE GUTEN RATSCHLÄGE DEINER FREUNDE

Im Berufsleben gibt es unzählige Gelegenheiten, sich aufzuregen. In diesem Kapitel haben wir ja nur einen Bruchteil davon gestreift. Was aber fast das Wichtigste ist, dürfen wir nicht übergehen: Immer brauchst du jemanden, der deine Empörung teilt. Und zwar jemanden, der selbst nicht in dieses komplizierte System verstrickt ist wie deine Arbeitskollegen. Die sind ja oft genug Teil des Problems und nicht die Lösung. Oder sie schweifen ab und fangen an, ihre eigenen Erfahrungen zum Besten zu geben, die wie üblich niemandem nützen. Nein, du brauchst jemanden, der von außen die Dinge beurteilt. Nüchtern, objektiv, unparteiisch – und der dir dann in jedem Punkt recht gibt.

Genau das ist die Aufgabe deiner Freunde, bei denen du dich mal richtig ausheulen kannst. Wozu sind Freunde schließlich da, wenn sie sich nicht deine Geschichten anhören? Geschichten, die sonst niemand anhören will. Wozu sind sie da, wenn sie dir nicht in allem zustimmen – auch und gerade in den Punkten, über die alle anderen nur den Kopf schütteln? Im Gegenzug bist du ja auch bereit, ihre Horrorerlebnisse anzuhören (wenn vielleicht auch nicht gerade heute) und sie zu bedauern – auch wenn völlig klar ist, dass sie mit dir nicht mithalten können. Geschenkt.

Ehrlicherweise müssen wir sagen: Wir brauchen den Zuspruch unserer Freunde umso nötiger, je weniger wir tatsächlich im Recht sind. Sie sollen uns ja nur ein bisschen aufrichten. Dafür sorgen, dass wir wieder Boden unter die Füße bekommen. Dann kommen wir schon selbst zurecht. Eine kleine Spritze Selbstbewusstsein brauchen wir. Ist das zu viel verlangt?

Aber was machen diese Freunde? Sie geben dir gute Ratschläge. Sie sagen: »Wo ist das Problem? Das nächste Mal machst du es einfach so und so.« Oder: »Du kannst dich doch eigentlich nicht beklagen. Frag mich mal!« Oder noch schlimmer: »Das wundert mich gar nicht. Ich habe dir damals schon gesagt …«

Dabei haben diese Freunde doch überhaupt keine Ahnung, was in deiner Arbeit eigentlich los ist. Die reden so oberschlau daher, ohne die geringste Sachkenntnis. Sie stellen sich das alles ein bisschen zu einfach vor. Solche Freunde sind einem keine Hilfe. Sondern eine Katastrophe. Man will doch nur hören: »So wie du das gemacht hast, war das völlig in Ordnung. Ich hätte nicht anders gehandelt.« Oder: »Das ist ja wohl das Mindeste, was du verlangen kannst.« Dabei geht es gar nicht darum, ob das wirklich so stimmt. Sondern ob deine Freunde auf deiner Seite sind. Oder eben nicht. Wer dir schlaue Ratschläge gibt, ist es ganz sicher nicht.

Doch schlaue Ratschläge sind ja gar nicht das Schlimmste. Eine noch viel größere Demütigung steht uns bevor, wenn unsere Freunde den anderen recht geben! »Da hast du dich aber auch angestellt!«, erwidern sie. Oder: »Da kann ich deinen Chef aber gut verstehen.« Oder: »Also, wenn du das mit mir gemacht hättest, *ich* hätte dir was erzählt!« Augenblicklich sackt unsere schöne Empörung in sich zusammen. Und wir stehen da als die Nervensägen, die Querulanten, die stumpfsinnigen Nörgler. Das kann uns natürlich noch viel mehr aufregen: dass wir uns nicht mal mehr aufregen dürfen!

TEIL III

KINDER UND FAMILIE

Am schönsten ist es in der Familie, heißt es. Und das stimmt natürlich. Nirgendwo sonst können wir uns so richtig schön aufregen wie im Kreise unserer Lieben. Die eben manchmal gar nicht so lieb sind. Wir sind es ja auch nicht. So ist nun mal das Leben, nicht immer Schokoladenseite und gute Laune. Wie man überhaupt sagen muss: Die Familie ist der Ort, an dem du deine schlechte Laune am ungehemmtesten ausleben darfst. Aber die anderen leider auch. Außerdem ist unsere Familie die Schule des Aufregens. Hier lernen wir erst, wie das geht. Wie viel Vergnügen es macht und wie viel wir erreichen können, wenn wir unserm Ärger gehörig Luft machen.

Aber es gibt ja nicht nur die eigene Familie. Viel schlimmer sind natürlich: die anderen Familien. Mit diesen Eltern, die ihre Kinder falsch erziehen. Und das nicht mal konsequent. Diese Eltern, die ihre Unterdurchschnittskinder als hochbegabt, aber unterfordert ausgeben. Eltern, die ihre Kinder bis zum Abitur mit dem »Babyphon« überwachen. Eltern, die ihre Kinder auf YouTube stellen und mit ihren »Pardauz!«-Videos höhere Klickraten bekommen als die Beatles. Kinder, die das Familienauto aussuchen dürfen. Kinder, die deine Kinder verpetzen. Kinder, die dich im Schachspielen besiegen, und du kannst nicht mal so tun, als hättest du sie gewinnen lassen.

ELTERN, DIE JEDEM ERZÄHLEN MÜSSEN, WIE DU ALS KIND GEWESEN BIST

Die eigenen Eltern gehören meist nicht zu den unangenehmsten Leuten, die man so kennt. Sie meinen es ja nur gut mit einem. Aber manchmal ist es gerade das, was einen so stört. Ihre guten Absichten, ihre ungebetenen Ratschläge, ihre tiefen Sorgen, die vielleicht sogar viel berechtigter sind, als die guten Leute ahnen. Weil du ihnen ja gar nicht alles erzählst. Sie haben dir ja auch nicht alles gesagt, als du klein warst.

Noch heute kommentieren sie deine Kleidung, deine Frisur, deine lausigen Umgangsformen, als wärst du 13 Jahre alt. Dabei hast du diese Bemerkungen schon damals nicht ertragen. Als du wirklich rumgelaufen bist wie der letzte Peinsack. Aber jetzt? Jetzt sind es doch eher die Eltern, die frisurtechnisch einiges aufzuholen hätten. Und auch in vielen anderen Dingen sind sie nicht mehr ganz auf der Höhe. Ohne dass du das breittreten würdest.

Aber Eltern dürfen sich herausnehmen, was sie wollen. Glauben sie zumindest. Die ersten Jahre am Drücker gewesen, und schon meinen sie, das gelte ein Leben lang. Da kannst du immerhin noch dagegenhalten: Du bist erwachsen, verdienst dein eigenes Geld, du darfst dir dein Leben selbst versauen. Welche Eltern können diese stichhaltigen Argumente schon widerlegen? Nicht viele, würde ich sagen.

Allerdings sitzen die Eltern bei einer Sache dann leider doch am längeren Hebel. Sie kennen dich noch aus der Zeit, als du Windeln trugst und Möhrenbrei spucktest. Sie erinnern sich allzu gut an riesige Zahnspangen, lustige Sprachfehler, unvorteilhafte Brillen, rote Pickel, erste Bärte, absurde Berufspläne, Zeiten, in denen du pummelig warst oder in einen Fernsehstar verliebt. Und dummerweise haben sie das dringende Bedürfnis, diese peinlichen Vorfälle aus der Vergangenheit jedem mitzuteilen, der dich nur von heute kennt. Als Erwachsener ohne Zahnspange und Babyspeck.

Diese Geschichten aus der guten alten Zeit sind besonders gefürchtet, wenn du eine neue Freundin oder einen neuen Freund mit nach Hause bringst. Doch muss man sagen: Bei solchen Gelegenheiten halten die Eltern erst mal dicht. Denn entweder sind sie erleichtert, dass du überhaupt mal ein menschliches Wesen mit nach Hause bringst. In diesem Fall sind sie vollkommen damit beschäftigt, sich diese Erleichterung nicht allzu deutlich anmerken zu lassen. Oder aber sie können deine Freundin / deinen Freund vom ersten Augenblick an nicht leiden. Dann werden die rührenden Geschichten aus alter Zeit erst recht nicht erzählt. Und die Familienalben mit den peinlichen Kinderfotos bleiben im Schrank. Erst wenn sich jemand dauerhaft in der Familie festgesetzt hat, werden sie hervorgeholt. Dann aber umso sicherer. Ist vielleicht nicht angenehm. Doch deine Freundin / dein Freund ist dir ja von Herzen zugetan und wird die peinlichen Bilder wahrscheinlich genauso »süß« finden wie deine Eltern. Erst wenn ihr euch wieder trennt, kommt ihr vielleicht noch einmal darauf zu sprechen. So in dem Sinne, dass du schon damals ein Zombie gewesen bist. Aber das trifft dich dann sowieso nicht mehr.

Ohnehin ist es viel schlimmer, wenn diese alten Peinlichkeiten vor Leuten ausgebreitet werden, die nur darauf geiern, dich mal als Volltrottel zu sehen. Ganz richtig, ich spreche von deinen Kindern und / oder deinen Neffen und Nichten. Du willst doch, dass die dich für einen ernst zu nehmenden Erwachsenen mit vernünftigen Ansichten halten. Wie willst du aber jemals in deinem Leben von denen wieder ernst genommen werden – nachdem sie dein Foto vom Abschlussball gesehen haben? Das solltest du deinen Eltern sagen, bevor sie mit dem gefürchteten Familienalbum anrücken, um in den alten Erinnerungen zu schwelgen.

Überhaupt fragt man sich, wieso Eltern immer so ein untrügliches Gespür dafür gehabt haben, genau dann den Auslöser ihrer minderwertigen Kamera zu betätigen, wenn ihre Kinder das dümmstmögliche Gesicht machen. Denn es kann ja wohl nicht sein, dass du wirklich und dauerhaft so ausgesehen hast, wie es die Fotoalben zeigen.

21

DEIN PARTNER UND SEINE SCHLECHTEN ANGEWOHNHEITEN

Jeder Mensch hat so seine schlechten Gewohnheiten. So drehen manche die Zahnpastatube niemals zu, andere putzen sich erst gar nicht die Zähne. Manche kratzen sich am ganzen Körper, bevor sie einschlafen. Andere stehen nachts auf, um zu bügeln. Viele haben sich alberne Redensarten angewöhnt, unappetitliche Tischmanieren, grauenhafte Hobbys.

Manche dieser Angewohnheiten bestanden bereits, als wir unseren Liebling kennenlernten. Seltsamerweise sind sie uns damals nicht aufgefallen. Und wenn sie uns aufgefallen sind, dann haben sie uns nicht gestört. Vielleicht fanden wir sie sogar ganz reizvoll. Oder lässig. Und wenn wir sie nicht ganz reizvoll oder lässig fanden und sie uns schon damals gestört haben, dann dachten wir: Das gewöhnen wir ihm ganz schnell wieder ab. Und ist es nicht auch so gewesen, dass er die eine oder andere schlechte Gewohnheit abgelegt hat – um sie durch eine neue, meist viel schlimmere zu ersetzen?

Man kann sich schon fragen: Warum gehen uns diese Gewohnheiten so sehr auf die Nerven? Häufig sogar immer stärker? Warum haben wir uns nicht einfach an sie gewöhnt? Das liegt an mehreren Dingen. Zunächst ist natürlich wieder mal unser Partner schuld: Er gibt sich immer weniger Mühe, wird bequem, nimmt auf uns keine Rücksicht, sondern macht einfach, was ihm Spaß macht. Und was ihm Spaß macht, ist einfach nur ein anderes Wort für: schlechte Gewohnheiten.

Aber dann liegt es auch an uns selbst, dass uns die schlechten Gewohnheiten unseres Partners immer mehr peinigen (während wir an unseren eigenen immer mehr Gefallen finden). An die guten Seiten unseres Partners haben wir uns schnell gewöhnt. Wir nehmen sie als selbstverständlich hin. Bleiben seine schlechten Eigenschaften übrig.

Und es kommt noch etwas hinzu: Viele dieser Gewohnheiten werden ja von Mal zu Mal schlimmer. Sie regen uns überhaupt erst ab einer bestimmten Wiederholung auf. Wenn er von seiner Reise nach Griechenland erzählt, finden wir das beim ersten Mal vielleicht sogar lustig, spannend, interessant. Doch allmählich kennen wir sämtliche Erlebnisse auf dieser Reise in- und auswendig. Auch und gerade die hinzuerfundenen.

Dann ist die Luft raus. Und schließlich wird es quälend. Du fragst dich: Warum erzählt er bloß immer und immer wieder die gleiche Scheiße? Wenn sich das oft genug wiederholt, bist du im Endstadium angekommen. Entweder du bringst ihn jetzt endlich um. Oder du revanchierst dich mit einer von deinen eigenen schlechten Gewohnheiten, die ihn zur Weißglut bringen. Aber hast du überhaupt welche? Oder sind das nicht vielmehr deine liebenswerten kleinen Schwächen?

22

SCHREIENDE GÖREN

Bitte mal Handzeichen: Wer mag schreiende Kleinkinder? Nicht viele, stelle ich gerade fest. Und das ist auch kein Wunder. Denn die Kinder schreien ja nicht, um sich bei uns beliebt zu machen. Sondern weil sie etwas *wollen*. Und zwar sofort, verdammt noch mal! Von solchen schreienden Kindern spreche ich und nicht von denen, die sich gerade wehgetan haben. Schreiende Kinder, die etwas wollen, was sie aber nicht bekommen sollen. Und die kannst du nicht trösten. Im Gegenteil, wenn du mit der »Alles wieder gut«-Nummer anfängst, drehen sie erst richtig auf. Mit ihrem Gebrüll. Und dann stehst du dumm da. Zugegeben, manche Kinder lassen sich ablenken. Aber das sind nicht die kleinen Teufel, von denen hier die Rede ist.

Um nicht missverstanden zu werden: Diese kleinen Teufel sind alle wunderbare, wertvolle Menschen. Einzigartig und liebenswert, was man sich immer wieder sagen muss, wenn sie ihre Brüllattacken bekommen.

Vor allem aber haben sie uns eines voraus: Sie können sich ungehemmt aufregen – und sind trotzdem immer im Recht. Beneidenswert ist das, liebe Kinder. Genießt diese Zeit, sie geht so schnell vorbei und kehrt nie wieder zurück. Da kann man sich kindisch aufführen, wie man will, der Bonus ist aufgebraucht, sobald du in die Schule kommst. Und du darfst erst wieder alle anschreien, wenn du irgendwo Chef geworden bist.

Sagen wir es offen: Kindergeschrei macht uns fertig. Egal, ob es von unseren eigenen Kindern kommt oder von anderen Blagen. Wir können nichts anderes tun, als es erdulden. Erwachsene, die sich über schreiende Kinder aufregen, die vielleicht selber anfangen zu schreien – oh ja, die gibt es, aber was sind das für Leute? Üble

Typen, die sich nicht im Griff haben, Ungeheuer, denen man mal die Meinung geigen sollte.

Aber es hilft nichts, Kindergeschrei ist nicht zu ertragen. Darum machen unsere Lieblinge ja so ausgiebig Gebrauch davon. Denn das macht die Sache für uns erst so richtig unangenehm: Du bist so, wie du eigentlich nicht sein willst. Gerne wärst du der gelassene Kinderfreund. Oder die Mutter, die ihrem kleinen Fratz beruhigend die Hand auflegt – und schon ist alles wieder gut. Doch so läuft es eben nicht. Stattdessen bist du genervt. Vielleicht sogar am Rande der Verzweiflung, wenn es dein Fratz ist, der da tobt.

Denn die Leute, die sich das Geschrei anhören müssen, die haben leider wenig Mitleid mit dir. Sie wählen die bequemste und irgendwie auch politisch korrekte Lösung: Sie sind nicht böse auf das Kind, sie sind böse auf dich. Wenn dein Kind schreit, dann gibt es dafür einen Grund. Und der Grund bist du. Du bist schuld. So als hätte dein Kind einen Ausstellknopf oder wenigstens einen Lautstärkeregler.

Wenn es aber *nicht* dein Kind ist, dann ertappst du dich dabei, wie deine Gelassenheit spätestens nach zehn, zwanzig Sekunden dahinschmilzt – und du zusiehst, dass du davonkommst. Nicht schön, keine Sache, die man unbedingt weitererzählt, aber immerhin besser als sich dieses nervenzerfetzende Geschrei weiter anzuhören.

BIONADE-ELTERN

Im Jahre 1995 erfand der Braumeister Dieter Leipold ein unvergleichliches Erfrischungsgetränk. Aus Malz und Wasser und allerlei Rohstoffen aus kontrolliert-biologischem Anbau schuf er einen Softdrink, den er Bionade nannte. Bionade wurde ein Riesenerfolg und rettete die Brauerei vor der sicheren Pleite. Denn Bionade stand für bio, öko und gesund. Und schmeckte doch so politisch unkorrekt wie die artifiziellste Chemopampe, die ein amerikanischer Industriegigant in seinen Geheimlaboren zusammengerührt hat. Bionade enthält wichtige Nährstoffe wie Kalzium und Magnesium, sieht aber so poppig aus wie Bonbonbrause aus Brasilien.

Und genau das will man doch haben. Die Segnungen des Hightech-Zeitalters, die aber in Wirklichkeit auf die natürlichste und ehrlichste Weise zustande gekommen sind. Also gerade andersherum, als es normalerweise läuft, wenn uns die Kunststoffpizza mit Analogkäse so verkauft wird, als komme sie geradewegs aus Onkel Marios Steinofen in Apulien.

Außerdem stammen die meisten Zutaten von Bionade eben aus kontrolliert-biologischem Anbau. Kontrolliert-biologisch, das ist das Zauberwort, dem die Eltern vertrauen. Zumindest die wachsende Zahl der Bionade-Eltern, die ihre Kinder ebenfalls kontrolliert-biologisch aufziehen. Und nicht einfach nur so biologisch-dynamisch wie jede hergelaufene Birkenstock-Gretel. Allerdings macht das die Angelegenheit auch so anstrengend. Für alle Beteiligten.

Als Kind von Bionade-Eltern darfst du nicht essen und trinken, was deine Spielkameraden so in sich reinstopfen und reingießen. Wenn du mit diesen Kindern überhaupt spielen darfst, die von Nahrungszusätzen, Gluten und Dickmachern schon ganz krank sind, wie Bionade-Eltern glauben. Denn Bionade-Eltern leben in ständiger Sorge, ihre Kinder könnten hineingezogen werden in den Schmutz und die Übel dieser Welt. Davor wollen sie sie schützen. Was natürlich niemals gut geht. Aber alle Leute nervt.

So hat sich eine Bionade-Mutter, die bei uns in der Nachbarschaft wohnt, eines Tages in die nahe gelegene Grundschule eingeschlichen. Um dort die Toiletten anzuschauen. Wäre sie erwischt worden, hätte sie Ärger bekommen. Aber sie meinte es nur gut. Sie wollte mit ihrer Kontrolle herausfinden, ob ihrem Bionade-Sohn der Besuch dieser Schule »zugemutet« werden konnte oder nicht. In der Überzeugung: Wer sich nicht ordentlich um das Scheißhaus kümmert, der versagt auch bei höheren Aufgaben. Und du ahnst es schon: Die Schule ist beim Klotest durchgefallen. Der Sohn kam dann doch auf die Montessorischule.

Bist du bei Bionade-Eltern eingeladen, dann darfst du ihren Bionade-Bälgern bloß keinen industriell gefertigten Schrott mitbringen. Kein Spielzeug mit Plastikteilen oder Süßwaren ohne Ökopax-Siegel. Sondern nur unbedenkliches, von Pädagogen und Hirnforschern empfohlenes Material aus Holz, das die kindliche Fantasie und Kreativität förmlich bersten lässt. Und wenn was zum Naschen, dann allenfalls diesen industriezuckerfreien, fair gehandelten Müsliriegel mit Waldhonig und handgeknackten Nüssen.

Aber selbst dann kannst du noch Ärger bekommen. Es gibt nämlich jede Menge Öko- und Biosiegel, die von richtigen Bionade-Eltern nicht anerkannt werden. Ja, die können sie regelrecht böse machen. Weil sie von der Industrie stammen. Oder von bösen Trittbrettfahrern, die von diesem durchgeknallten Ökoboom profitieren wollen und einfach mal so ein buntes Bioschildchen auf ihre Überraschungseier geklebt haben, die in Wirklichkeit aus Käfighaltung stammen. Dann kannst du ihren Kindern gleich einen Gutschein für McDonald's überreichen. Auch beim Holzspielzeug musst du aufpassen, bloß kein »Tropenholz« zu erwischen. Sonst hast du nämlich den Urwald auf dem Gewissen. Und deinetwegen sterben die Affen, die Tiger und die Nashörner aus.

Und nicht einmal die Bionade ist vor den Bionade-Eltern sicher: Manche meiden schon seit ein paar Jahren die ökologisch-korrekte Brause. Denn erstens soll es gar nicht so viel Bio-Litschis geben, wie in der Litschi-Bionade drin sein müssten. Zweitens hat die schlaue Brauerei von Meister Leipold die Marke an einen großen Lebensmittelkonzern verkauft. Und drittens gibt es seit Neuestem die Geschmacksrichtung »Cola«.

KINDER, DIE DICH BESIEGEN

Es ist doch einfach so: Kinder müssen lernen, mit Niederlagen umzugehen. Das ist wichtig im Leben. Ich spreche aus Erfahrung. Spielbrett umwerfen, die siegreichen Eltern mit Würfeln bewerfen, das geht einfach nicht. Dass du gewonnen hast, das muss so ein Kind auch mal aushalten. Aber du kannst sie natürlich nicht immer verlieren lassen, die Kinder. Sie brauchen immer wieder ein »Erfolgserlebnis«. Sonst glauben sie am Ende noch, man könnte sich die ganze Spielerei sowieso schenken. Weil ja immer die Großen gewinnen. Also bist du mal nicht so. Und lässt die kleine Hexe und den kleinen Scheißer auch mal gewinnen.

Allerdings kommt es vor, dass die Kleinen gewinnen, weil sie einfach besser sind als du. Und da fängt es an, unangenehm zu werden. Denn es zeigt sich, dass Erwachsene noch viel schlechter verlieren können als Kinder. Vor allem gegen Kinder. Peinlich ist das. Vor allem wenn du selbst dieser Erwachsene bist.

Es ist aber auch gar nicht so einfach, wie man immer meint. Als Erwachsener, oder sagen wir gleich: als Mann, bist du ja darauf geeicht, möglichst oft zu gewinnen. Je öfter, desto besser. Das hat man sogar in Experimenten an Ratten rausgefunden: Wer immerzu verliert, dem geht es dreckig. Der wird krank und bringt nichts mehr zustande. Wer gewinnt, dem geht es immer besser. Und zwar egal, wie idiotisch das Spiel ist.

Wenn du nun also gegenüber so einem Knirps den Kürzeren ziehst, musst du das erst mal verdauen. Gegen die eigenen Kinder zu verlieren, ist dabei noch am leichtesten. Da kann man sich ja noch mitfreuen. Außerdem kannst du dir ihren Triumph selbst ein wenig zurechnen. Immerhin hast du sie so weit gebracht. Nehmen wir an, deine Tochter schlägt dich im Schach. Nicht schön, aber du

kannst dir immer noch sagen: Wer hat ihr dieses Spiel denn bei-
gebracht? Wer hat geduldig mit ihr gespielt und ihr den einen oder
anderen Kniff gezeigt? Das warst doch du. Und wenn deine Kinder
eines Tages über dich hinauswachsen, so geht das schon irgendwie
in Ordnung. Du kannst dich ja auf Go oder Sudoku verlegen. Oder
ein Quizspiel.

Bei den Quizspielen ist ja das Gute, dass es immer eine Kategorie
gibt, bei der die Kleinen und die Dummen im Vorteil sind, die
Promi-Nachrichten lesen, die Charts hören und Daily Soaps an-
gucken. Glaub bloß nicht, dass die Spielehersteller diese Kategorien
für bildungsferne Kinder und Jugendliche eingeführt haben, damit
die auch eine Chance haben. Die Wahrheit ist: Solche Dumpfba-
cken-Kategorien gibt es nur, damit wir Erwachsenen im Falle einer
demütigenden Niederlage zu unseren Kindern sagen können: »Toll,
wie du dich bei diesen Serien auskennst. Wenn du nur halb so viel
für die Schule tun würdest …«

Gegen die eigenen Kinder zu verlieren, ist also halb so schlimm
und lässt sich früher oder später ohnehin nicht vermeiden. Aber
jetzt stell dir mal vor, du vergeigst die Sache gegen irgend so ein ver-
rotztes Nachbarskind. Muss ja nicht mal Schach sein. Kann so ein
blödes Geschicklichkeitsspiel sein. Oder Halma. Oder Monopoly.
Da kommen schon die bedenklichen Charaktereigenschaften der
kleinen Leute zum Vorschein. Geld, Geld, Geld, und sich freuen,
wenn die Mitspieler ins Gefängnis wandern!

Natürlich kann man immer so tun, als wäre einem der Ausgang
des Spiels völlig egal. Als würde es nur darum gehen, gemeinsam
Spaß zu haben. Das Problem ist nur, dass dir das niemand mehr
abkauft, wenn du im Verlauf des Spiels irgendwann mal Ernst gemacht hast. Dann merken schon die kleinsten Zwerge, dass du hier
eine ganz erbärmliche Nummer abziehst. Du hast gegen den Knirps
verloren und tust so, als hättest du ihn gewinnen lassen. Uh, ganz
schwach. Stärker blamieren kannst du dich jetzt nur, wenn du auch
noch losheulst.

Man kann schneller in so eine verteufelte Lage kommen, als man denkt. Manchmal musst du dich sogar gegen wildfremde Kinder behaupten. Wenn man nämlich herausgefordert wird. Stell dir nur vor, du ziehst im Schwimmbad deine Runden. Und plötzlich krault so ein kleiner dicker Junge an dir vorbei. Du siehst ihm an, er will dich abhängen. Wenn er als Erster am Beckenrand anschlägt, wird er jubeln wie die Schwimmer bei den Olympischen Spielen. Natürlich kannst du ganz gemütlich weiterschwimmen und den Knirps seinen Spaß haben lassen. Aber das setzt voraus, dass du bis jetzt auch schon »ganz gemütlich« unterwegs warst. Vielleicht bist du aber ein bisschen schneller geschwommen, treibst Sport, willst mal sehen, was du noch so draufhast. Dann kommst du nicht so leicht davon.

Also gut, du erhöhst das Tempo und plötzlich willst du nur noch gewinnen. Du ziehst hektisch deine Arme durchs Wasser, schlägst wie wild mit deinen Beinen, tauchst nur noch kurz auf, um Luft zu schnappen. Und du siehst den dicken kleinen Jungen vor dir, wie er verzweifelt versucht, den Abstand zu halten. Den Abstand, der immer kleiner wird und kleiner …

Egal, ob du nun als Erster oder als Zweiter oder gar nicht am Beckenrand anschlägst: Du hast dich zum Idioten gemacht. Entweder bist du eine lahme Ente, die vermutlich schon beim Babyschwimmen abgehängt würde. Oder du bist ein vernagelter Erfolgsfaschist, der nicht in der Lage ist, einem dicken kleinen Junge einen winzigen Triumph zu gönnen. Am besten gehst du erst mal eine Runde duschen.

25

VERWANDTE, DIE SICH BEI DEINEN KINDERN BELIEBT MACHEN WOLLEN

Kommen Verwandte zu Besuch, so ist das sowieso meist eine Qual. Mindestens genauso schlimm ist aber, wenn du zu deinen Verwandten musst. Dann darfst du den An- und Abfahrtsweg noch obendrauf rechnen. Zusammen mit dem unvermeidlichen Ehekrach. Verwandte kann man sich nicht aussuchen, sie sind einfach da, weil sie deine Schwester geheiratet haben oder auch, weil sie deine Schwester sind. Nicht immer die angenehmsten Leute. Auch wenn man sich das nicht anmerken lassen darf. Was die Sache noch peinigender werden lässt.

Oft liegt diesen Verwandtenbesuchen auch noch ein Anlass zugrunde, in besonders schweren Fällen eine Familienfeier wie Taufe, Hochzeit, Kommunion, Konfirmation oder runde Geburtstage. Verschlingen einen Haufen Geld, wenn du sie ausrichten musst und dich nicht blamieren willst. Und trotzdem musst du dir häufig noch dumme Sprüche anhören. Denn dumme Sprüche machen, das liegt nun mal im Wesen dieser Verwandten, um die du den Rest des Jahres ja nicht grundlos einen riesengroßen Bogen schlägst.

Zu allem Unglück pirschen sich die unangenehmen Verwandten auch noch an deine Kinder heran. Du kannst sie nicht leiden, sie können dich nicht leiden. Aber deine Kinder, die können sie nicht einfach in Ruhe lassen. Nein, sie müssen die Klappe aufreißen und sagenhafte Versprechungen machen. Versprechungen, die nur ein Ziel haben: dich dumm dastehen zu lassen, vor deinen Kindern.

»In den Ferien, da kommst du mal zu uns«, wenden sich deine Verwandten an eines deiner Kinder. »Dann machen wir mal eine richtige Bergtour.« Es kann auch ein *richtiger* Ausflug ans Meer sein, eine Shoppingtour mit abschließendem Besuch in einem

Fastfood-Lokal, der Besuch einer entlegenen Ritterburg oder eines gigantischen Freizeitparks. Beliebt ist auch die Gefahren-Variante: »Ich nehm dich mal mit meinem Motorrad mit. Dann heizen wir an die Côte d'Azur.«

Hauptsache, es ist etwas, was du nicht zustande bringst. Oder besser noch: nicht zustande bringen willst. Zum Beispiel weil du Fastfood-Lokale meidest und Freizeitparks für kommerziellen Dreck hältst. Fantasielos und teuer. Erfunden nur, um Familien mit Kindern verarmen zu lassen. Aber der Onkel da, der kann sich das natürlich spielend leisten. Weil er mehr Geld hat, mehr Zeit und mehr Mumm als solche Versager-Eltern, zu denen du gehörst.

Und darum wird das jetzt mal in aller Breite ausgewalzt. Deine Kinder sollen schon merken, was ihnen entgeht, wenn der tollkühne Onkel seine sagenhaften Pläne nicht wahr machen darf. Lagerfeuer, Ponyreiten, abends ins Kino, und was sich so ein Onkelhirn noch an Verlockungen auszudenken vermag.

Natürlich kommen solche Abenteuer-Reisen niemals zustande. Und zwar nicht, weil ihr sie sowieso verbieten würdet. Sondern deine Verwandten erzählen dieses Zeug ja nicht, weil sie irgendein Interesse an deinen Kindern hätten. Sondern weil sie dir eins reinwürgen wollen. Und wenn du so richtig dumm dastehst, vor deinen Kindern als Verbiete-Papa blamiert bist, dann haben sie ihr Ziel erreicht. Und deine Kinder vergessen sie sofort wieder. Sie wissen ja nicht mal, wann die Ferien haben.

26

NEUE WUNDERKINDER UND HÖCHSTBEGABTE

Wenn du anderen Eltern zuhörst, was die so von ihren Kindern erzählen, dann fragst du dich schon: Warum können meine Kinder nicht auch solche Wunderkinder sein wie alle anderen? Da spielen welche Klavier wie der junge Mozart. Oder Fußball wie der alte Zinédine Zidane. Andere malen, komponieren, schreiben Geschichten, lesen Goethe oder haben ihre technischen Begabungen. Reparieren Küchengeräte, Rasenmäher oder den Firlefanz der Unterhaltungselektronik. Manche bauen auch. Vorzugsweise Alarmanlagen, mit denen sie ihre Erfinderwerkstatt abschotten. Die haben schon viel begriffen in ihrem jungen Leben. Manche bauen auch Lampen, Baumhäuser und alles, was sich mit Solarstrom betreiben lässt. Und bei den Computern und den Handys, da macht ihnen sowieso keiner was vor. Da braucht man gar keinen Servicetechniker mehr, wenn man solche Kinder im Haus hat.

Was diese neuen Wunderkinder jedoch von den alten unterscheidet: Sie haben alle eine unbeschwerte Kindheit. Haben Freunde und toben im Waldkindergarten, was das Zeug hält. Die Eltern richten sie nicht ab wie ein Zirkuspferd. Da gibt es keine Dressur wie im Hause Mozart oder beinharte Trainingseinheiten wie bei Steffi Graf. Nein, das ist alles von selbst gewachsen. Eine Kindergärtnerin hat Alarm geschlagen oder die freundliche Pädagogin von der musikalischen Früherziehung. Das Kind muss gefördert werden, mit Einzelunterricht am Klavier oder der Violine. Und es macht ihm ja selbst so viel Spaß. Es übt von ganz allein. Man muss es sogar noch bremsen, dieses neue Wunderkind. Auf Kindergeburtstage schicken oder in den Chinesisch-Kurs, wo die Kinder ganz spielerisch lernen.

Allerdings schlägt diesen Wunderkindern irgendwann die Stunde der Wahrheit. Du kommst zu Besuch und musst dir selbstverständlich die neue selbst komponierte Sonate der neunjährigen Constanze-Henriette anhören. Oder die Skulpturen des zehnjährigen Carl-Friedemann abschreiten. Und dann lässt es sich nicht länger verbergen: Diese Kinder können nichts. Sie wären besser vor dem Fernseher aufgehoben. Mit einer großen Tüte Chips, damit sie nicht so viel schwafeln. Auf ihre schlauen Kommentare hast du nämlich so was von gar keine Lust.

Das ganze Gerede über diese formidablen Fähigkeiten der Kleinen ist mindestens genauso erstunken und erlogen wie die Erzählungen, die du über deine eigenen Kinder verbreitest. In denen steckt wenigstens noch ein Körnchen Wahrheit. Wenn es auch nur ein kleines Körnchen ist. Doch das hier? Kaum auszuhalten. Aber das Schlimmste steht dir noch bevor: Kaum hast du die Sonate überstanden oder die Skulpturen lange genug mit prüfenden Blicken gemustert, musst du den Dreck auch noch loben. Die Grenzen deiner Glaubwürdigkeit wirst du weit überschreiten und Dinge sagen, von denen du hoffst, dass andere Ohren sie nicht zu hören bekommen.

Allerdings ist das noch angenehm und irgendwie amüsant im Vergleich zu dem, was dir blüht, wenn du auf ein echtes Wunderkind triffst. Dessen Fähigkeiten du nicht so leicht abstreiten oder ins Lächerliche ziehen kannst. Solche sagenhaften Kinder gibt es. Mehr als du glaubst. Und leider sind es niemals die eigenen.

Über so ein Kind sagte ein Bekannter neulich, es sei »höchstbegabt«. Da hast du es. Höchstbegabt. Wenn Kinder wirklich etwas auf dem Kasten haben, dann sind sie nicht »hochbegabt«. Sondern eben »höchstbegabt«. Hochbegabt ist heute jeder Stoffel, der aus Bauklötzen einen Turm baut. Und hat nicht auch dieser überaus beliebte Hirnforscher mit dem hellgrauen Bart erklärt: »Jedes Kind ist hochbegabt«? In solchen Zeiten reicht Hochbegabung nicht mehr aus. Wahrscheinlich blamierst du dich in bestimmten Kreisen, wenn du sagst: »Mein Kind ist übrigens hochbegabt.« – »Aber das macht doch nichts«, wird eine Mutter mitleidig erwidern, die ihren Zehnjährigen jeden Tag zur Uni karrt. Damit er dort seine Vorlesungen über theoretische Physik hält. Dein Kind ist deswegen noch lange kein Loser. Schließlich muss es ja noch Leute geben, die solche Höchstbegabten vergöttern.

27

ELTERN, DIE IHRE KINDER NICHT ERZIEHEN KÖNNEN

Täusche ich mich? Oder gibt es wirklich immer *mehr* Eltern, die ihre Kinder nicht erziehen können? Natürlich täusche ich mich nicht. Zwar gab es immer schon viele Eltern, die ihre Kinder nicht erziehen konnten, aber niemals zuvor in der Menschheitsgeschichte gab es so viele Varianten katastrophaler Kindererziehung wie heute.

Das fängt mit den Psycho-Eltern an. Eltern, die jeden Furz ihrer Kinder psychologisieren müssen. Sie fragen sich: Was steckt dahinter? Was will mir mein Kind eigentlich sagen? Wenn es brabbelt, brüllt oder mit dem Ratgeber *Jedes Kind kann stark sein* nach seiner Mutter wirft? Welche verborgene Botschaft steckt in jedem Furz? Und wenn die Fürze allmählich stärker werden, dann heißt es: Ab zum Therapeuten!

Womit wir ganz entspannt überleiten können zur zweiten Elterngruppe: den Therapie-Eltern. Kaum zeigt das Kind irgendwelche Auffälligkeiten (Kenner sagen auch »Charakter« dazu), wird es zu irgendeinem Therapeuten geschleppt, der diese vermeintliche Unzulänglichkeit beheben soll. Es schläft nicht richtig? Da machen wir doch mal eine craniosacrale Therapie. Es will nicht mit Mama spielen? Da hilft die PEKiP-Gruppe. Das Kind ist schon drei und kann noch immer kein »sss« und »sch« auth-th-prechen? Das wird *nie* wieder gut, wenn da nicht ein engagierter Logopäde frühzeitig eingreift, meinen die Therapie-Eltern. Weiterhin stehen bereit: der Ergotherapeut (wenn sich das Kind nicht die Schuhe zubinden kann – und welches Kind kann das schon? Gibt doch Klettverschlüsse!), der Ernährungsberater (das Kind will kein Gemüse essen – und welches Kind will das schon?) und der Heilpraktiker (den braucht man immer, auch und gerade wenn man kerngesund ist; das ist dann eben das Werk vom Heilpraktiker). Therapie-Eltern sind eine

Plage, die immer stärker um sich greift. Denn ständig versuchen Therapie-Eltern, andere (Noch-nicht-Therapie-)Eltern davon zu überzeugen, dass auch ihre Kinder eine Therapie brauchen. Dabei ist die einzige Therapie, die hier Abhilfe schaffen könnte, eine gründliche Eltern-Therapie.

Anders, aber auch nicht besser machen es die Eltern, die sich für ihr Kind nicht so ganz zuständig fühlen. Die Ausweich-Eltern. Hat ihr Kind etwas angestellt (und die Kinder solcher Eltern stellen ständig etwas an), so machen die Eltern darauf aufmerksam, dass du »dein Problem schon mit dem Felix selbst« klären musst. Was nicht ganz einfach ist, wenn dir »der Felix« daraufhin eine lange Nase zeigt und wegläuft.

Wenn sie selbst etwas von ihren Blagen wollen, dann spannen manche Ausweich-Eltern gerne andere Erwachsene ein. Vorzugsweise die Eltern der Spielkameraden ihrer eignen Kinder: »Rufst du mal den Felix? In fünf Minuten gibt es Abendessen!« Oder: »Ihr sitzt hier gerade so schön zusammen. Passt ihr mal eben auf den Felix auf? Ich geh kurz zum Friseur / ins Fitness-Studio / auf Weltreise.« Solche Ausweich-Eltern darf man damit nicht durchkommen lassen. Sonst hast du »den Felix« ständig an der Backe. Und ein nettes Kind ist der nun gerade nicht, sondern genauso unerträglich wie seine oberschlauen, oberfaulen Eltern. Aber doppelt so anstrengend. Deswegen wollen ihn ja seine Eltern auch loswerden.

Fehlt in unserer kleinen Auswahl unfähiger Eltern noch die Heile-Welt-Fraktion. Diese Erziehungsberechtigten versuchen ihrem Nachwuchs weiszumachen, dass es in unserer Welt mit rechten Dingen zugeht und sich lauter nette, flauschige Leute dort rumtreiben. Ohne böse Absichten, so wie die netten, flauschigen Leute, die in der Wirklichkeit unterwegs sind. Denn so ist es ja nun mal: Gerade die Leute, vor denen man sich besonders in Acht nehmen muss, machen immer so auf harmlos. Der Wolf, der den sieben Geißlein ans Ziegenleder will, frisst erst mal besonders viel Kreide. So ist es doch. *Das* sollte man den Kindern beibringen, finde ich.

Und damit sind wir bei der letzten und schlimmsten Gruppe: Eltern, die überzeugt sind, dass der Rest der Welt alles falsch macht. Und nur sie wissen ganz genau, wo es hakt. Warum Kinder brüllen, ins Bett pinkeln, nicht durchschlafen, kein Gemüse essen, Geschwister im Schrank einschließen, einen Sprachfehler haben, nicht in den Kindergarten wollen, in der Schule so schwer Freunde finden, nicht rechnen können, heimlich rauchen. Für alles haben sie eine Erklärung. Denn sie kennen sich so gut aus wie niemand sonst. Allerdings gilt das ausschließlich für die Erziehung von Kindern anderer Leute.

TEIL IV

VERKEHR UND REISEN AUF RÄDERN

Ich glaube, ich sollte dich nicht so unvorbereitet die nächsten Seiten aufblättern lassen. Lies bloß vorsichtig. Schnall dich an. Denn jetzt kommt das Höllenkapitel. Vielleicht mag das eine oder andere leicht übertrieben erscheinen. Das heißt, nein, wenn ich genauer darüber nachdenke, ist das eine oder andere noch untertrieben. Stark untertrieben sogar. Denn dass Menschen niemals in Frieden miteinander leben können, dass sie einander hassen, ohne Grund und ohne Gnade, bis zum Ende ihrer Tage, das zeigt sich nirgendwo so deutlich wie im Straßenverkehr.

Vernünftige, besonnene, rücksichtsvolle Menschen verwandeln sich in feuerspeiende Ungeheuer, sobald sie hinter dem Steuer ihres Autos Platz genommen haben. Vor allem, wenn es sich bei ihrem Auto um einen BMW handelt. Oder einen Audi. Oder einen … (hier darfst du gerne das Fabrikat einsetzen, das du selbst fährst).

28

AUTOFAHRER, DIE MÖGLICHST WEIT RECHTS FAHREN, UM KEINE RADFAHRER AN SICH VORBEIZULASSEN

Reden wir nicht drum herum: Autofahrer sind die natürlichen Feinde der Radfahrer. Umgekehrt gilt das natürlich auch, aber davon reden wir später. Nun gibt es schon einige, die mal mit dem Auto, mal mit dem Fahrrad unterwegs sind. Solche Leute sind aber keineswegs verständnisvoller. Oder wenigstens innerlich zerrissen, in ihrer Abneigung. Keine Spur, denn man kann ohne Weiteres das eine Mal die Radfahrer und das nächste Mal die Autofahrer verfluchen – und sich dabei vollkommen im Recht fühlen, wie immer. Man muss nur wissen, hinter welcher Lenkstange man gerade sitzt. Also, nehmen wir uns erst mal die Autofahrer vor.

Ich glaube, es ist keine große Übertreibung zu sagen: Die meisten Autofahrer würden am liebsten jeden Radfahrer, der ihnen begegnet, über den Haufen fahren. Egal, wie schnell oder langsam du fährst, ob du dich stur geradeaus oder in Schlangenlinien fortbewegst, ob du für Kinder, Hunde oder Glasscherben bremst oder niemals, am liebsten würden sie dich alle ummähen. Aber das dürfen sie nicht. Sonst bekommen sie Scherereien, die Versicherungsbeiträge steigen, sie müssen die Stoßstange neu lackieren und die Räder neu auswuchten lassen, vielleicht bekommen sie Punkte in Flensburg und sogar den Führerschein abgenommen. Wer will das schon? So ein richtiger Autofahrer bestimmt nicht.

Daher behelfen sich manche mit einem Trick, den sie sich von den Raubtieren abgeschaut haben: Sie starten Scheinangriffe. Zum Beispiel: Wenn du mit deinem Fahrrad geradeaus über die Kreuzung willst, dann beschleunigen sie kurz vor dem Abbiegen noch mal. Du glaubst schon, jetzt ist es zu Ende mit deinem Radfahrerleben. Aber dann kommt ihr Auto doch irgendwie zum Stehen und sie lassen dich noch einmal davonkommen. Sie wollen dich nämlich gar nicht über den Haufen fahren. Sie geben sich schon damit zufrieden, dass sie dich in Todesangst versetzt haben.

Umgekehrt musst du wissen: Die schlimmste Demütigung, die einem Autofahrer widerfahren kann, ist, von einem Radfahrer überholt zu werden. Du musst dir das so vorstellen, als würde dadurch die Anschaffung des Fahrzeugs insgesamt infrage gestellt werden, wenn du mit deinem Drahtesel an einem, sagen wir, 7er BMW oder Audi Q5 vorbeiziehst. Was sich im dichten Berufsverkehr oft nicht vermeiden lässt – und außerdem Vergnügen macht. Nicht nur, aber ganz besonders bei den genannten Modellen.

In solchen Momenten meldet sich beim Fahrer gewiss eine innere Stimme, die ihm einflüstert: »Siehst du, das hast du nun von deinem kolossalen Auto mit Bordcomputer, Beschleunigungsassistenten, Hinterachsluftfederung, Einparkhilfe und Doppelkuppelungsgetriebe. Der andere kommt schneller durch den Verkehr, mit seinem wendigen Gefährt und seinem Pedalantrieb. Er hat die Nase vorn, geht als Erster über die Ziellinie, findet auch schneller einen Parkplatz, direkt am Ziel, das holst du niemals wieder auf. Du musst dich geschlagen geben, mit deinem 100.000-Euro-Auto und seiner einschüchternden Haifischfresse.« Da heißt es handeln.

Das bedeutet aber keineswegs, dass die Fahrer von Klein- und Gebrauchtwagen angenehmer wären. Unter Radfahrern ein weit verbreiteter Irrtum. Doch du musst wissen, die Kleinwagenfahrer stehen in der Hierarchie der Verkehrsteilnehmer ziemlich weit unten. Sie müssen dauernd Platz machen, für die großen Autos, die Busse, die auf ihrer Busspur angedonnert kommen, und die Fußgänger, die sich von ihnen nicht so leicht einschüchtern lassen wie von diesen motorisierten Raubfischen. Im Grunde sind die Einzigen, auf die sie herabschauen können, die Radfahrer. Wenn die jetzt auch noch an ihnen vorbeiziehen, dann sind sie ganz unten angekommen. Und das als Autofahrer.

Also müssen sie um jeden Preis verhindern, dass so jemand an ihnen vorbeikommt. Das beste Mittel, das sie kennen: Sie fahren möglichst weit rechts. Mit abgespreiztem Rückspiegel. Und zwar wenn sie schon absehen können, dass sie gleich wieder anhalten müssen. Dann müssen die Radfahrer abbremsen und schön hinter ihnen bleiben und ihre Abgase einatmen. Bis sie sich wieder in Bewegung setzen. So denken sie sich das.

Wer besonders niederträchtig ist, der überholt noch kurz vor der Ampel, schert rechts aus und baut sich vor uns auf wie eine Schrankwand. Nun muss man an dieser Stelle auch sagen, dass es auch *ganz andere* Autofahrer gibt: Freunde der Radfahrer, Kavaliere des Stadtverkehrs, geduldige Warter, ritterliche Vorbeilasser. Vor der Ampel halten die sich *extra weit links*, damit die auf die eigene Muskelkraft angewiesenen Radfahrer an den motorisierten Verkehrsteilnehmern vorbeisausen können. Und noch über die Ampel kommen, wenn es endlich wieder grün wird.

Aber ach, was soll man sagen? Leider werden diese noblen Wagenlenker durch das Verhalten der Fahrradfeinde in Mitleidenschaft gezogen. Denn die Radfahrer wären keine Radfahrer, wenn sie nicht versuchen würden, *irgendwie doch* an den wartenden Autos vorbeizukommen. Variante eins: Sie fahren auf dem Bürgersteig weiter. Was Fußgänger und Rollkofferzieher in Gefahr bringt. Variante zwei: Kommen sie rechts an den Autos nicht vorbei, dann ist links gewiss noch Platz. Also weichen sie dorthin aus, umkurven die stehenden Kraftfahrzeuge und tauchen plötzlich neben so einem Linkssteher auf, der damit natürlich nicht rechnet und seinerseits ein Ausweichmanöver in Gang setzt, das weitere Verkehrsteilnehmer in die Sache hineinzieht. So dass am Ende jeder jeden blockiert. Bis die Ampel wieder auf Rot schaltet. Dann kommen nur noch die Radfahrer hinüber. Womit wir schon beim nächsten Thema wären.

29

RADFAHRER, DIE SICH ÜBERALL DURCHMOGELN MÜSSEN

Wenn du als Autofahrer einen Wunsch freihättest, wie würde der dann lauten? Ein heißer Kandidat wäre: Alle Radfahrer müssten einen Sicherheitsabstand von 100 Metern einhalten. Na gut, sagen wir: von 200 Metern. Denn Radfahrer haben die natürliche Tendenz, Autofahrer zur Verzweiflung zu bringen. Egal, was sie machen, es ist immer genau das Gegenteil von dem, was der Autofahrer erwartet. Dann lieber Rehe auf der Fahrbahn. Die versuchen wenigstens nicht, einen links zu überholen.

Radfahrer hingegen brechen jede Verkehrsregel, die ihnen in die Quere kommt. Sie fahren ohne Licht, auf der falschen Seite, auf dem Bürgersteig, auf der Autospur, durch Fußgängerzonen, nur den Radweg, den meiden sie konsequent. Oder nein, sie meiden ihn natürlich nicht *konsequent*. Denn dann könntest du dich als Autofahrer ja darauf einstellen. Doch das versuchen die Radfahrer ja gerade mit allen Mitteln zu verhindern.

Unter den vielen Unarten der Radfahrer sticht eine besonders hervor: Sie müssen sich überall durchmogeln. Kein Hindernis kann sie stoppen. Im dichten Verkehr gibt es keine Lücke, durch die sich nicht irgendein Radfahrer noch hindurchzwängen könnte. Abstand halten, das überlassen sie den anderen Verkehrsteilnehmern.

An jeder Ampel versuchen sie die »Pole Position« zu erobern, die vorteilhafteste Startposition. Ein besonderes Anrecht darauf beansprucht der Fahrer, der als Letzter hinzukommt. Der schlängelt sich an allen anderen vorbei, Autos, Radfahrer, Lastwagen, weicht auch schon mal auf den Fußweg aus, um sich schließlich an die Spitze zu setzen. Nach Möglichkeit direkt vor dem ersten Auto. Springt die Ampel auf Grün, tritt der Radfahrer kräftig in die Pedale, um vor allen anderen in Führung zu gehen. Autofahrer, die ihn überholen

wollen, zwingt er zu riskanten Manövern. Und wer ihn nicht überholen will, der ist kein Autofahrer.

Was Radfahrer nur im äußersten Notfall tun, das ist: Bremsen. Vielleicht hat es damit zu tun, dass sie die Geschwindigkeit, mit der sie unterwegs sind, ja mit eigener Körperkraft erzeugt haben. Wenn sie bremsen, dann war das ganze schöne Treten für die Katz. Also versuchen sie ihr Tempo irgendwie beizubehalten oder auf natürliche Weise zu reduzieren. So lassen sie sich beispielsweise gerne auf eine rote Ampel zurollen, treten nicht mehr, aber schauen doch mal, wie weit sie noch kommen. An allen Autos vorbei, vielleicht sogar noch weiter. Und wenn es richtig gut für sie läuft, dann schaltet sich die Ampel gerade in dem Augenblick auf Grün, in dem sie ganz vorne angekommen sind.

Dabei betrachten Radfahrer Ampeln und Verkehrsschilder mehr so als eine Art Vorschlag. Wenn die Ampel Grün zeigt und du gerade nichts Besseres vorhast, dann kannst du mal darüber nachdenken, ob jetzt nicht der geeignete Moment wäre, über die Straße zu fahren. Auch wenn es manche Autofahrer nicht glauben werden: Als Radfahrer bist du nicht verpflichtet, bei Rot rüberzufahren.

Verkehrsschilder, die geradezu reflexartig Widerstand hervorrufen, sind: Durchfahrt verboten, Vorfahrt beachten und – der Klassiker – Radfahrer absteigen. Radfahrer lassen sich die »Durchfahrt« nun so was von überhaupt nicht verbieten. Genauso gut könnte man Vögeln das Fliegen untersagen. Radfahrer sind zum »Durchfahren« geboren, es liegt einfach in ihrer Natur. Und so ein Schild spornt sie nun erst recht an, sich gerade hier ihren Weg zu bahnen.

Die »Vorfahrt« können Radfahrer nicht beachten, weil sie mit anderen Dingen beschäftigt sind. Der »Durchfahrt« zum Beispiel. Außerdem könnte sich ja herausstellen, dass ein anderer Verkehrsteilnehmer Vorfahrt hat und man bremsen müsste. Und was das »Absteigen« betrifft: Radfahrer steigen grundsätzlich nicht ab. Weil sie dann nämlich aufhören, Radfahrer zu sein, und sich in einen Fußgänger verwandeln, der ein Fahrrad schiebt. Und Fußgänger, die sind schon ein ganz anderer Menschenschlag, wie wir noch sehen werden. Als vermeintlich schwächste Verkehrsteilnehmer nehmen sie sich die Freiheit, am ungehemmtesten gegen die Verkehrsregeln zu verstoßen. Die Geherlaubnis kann ihnen ja nicht entzogen werden. Und was soll ihnen schon passieren – außer dass sie über den Haufen gefahren werden?

Doch bleiben wir erst mal bei den Radfahrern. Besonders abstoßend an ihnen ist die Eigenart, dass sie sich immer im Recht fühlen. Sie haben das reine Gewissen einer Volksbefreiungsarmee. Die Gräueltaten, die sie jeden Tag auf unseren Straßen verüben, tun ihnen nicht im Geringsten leid. Im Gegenteil, sie sind sogar ein wenig stolz darauf, wie sie es immer wieder schaffen, sich überall durchzumogeln.

30

FURCHTBARE AMPELN

ch verstehe nicht, wie die das immer schaffen, die Ampeln so einzustellen, dass sie auf Rot umspringen, wenn man sich ihnen nähert. Ich weiß schon, du meinst, ich rede mir das ein. Rein statistisch kann das doch gar nicht sein, glaubst du. Aber warte mal ab, bis du das nächste Mal hinterm Steuer sitzt. Du wirst an mich denken.

Dabei müssen wir eines klarstellen: Ich rede nicht davon, dass man an jeder Ampel halten muss, weil sie Rot zeigt. Ich rede davon, dass sie auf Rot *umspringt*. Sodass man bremsen muss. Mal mehr, mal weniger stark. Und natürlich muss man die komplette Rotphase abwarten. Gerade bei großen Kreuzungen kann das dauern. Bis diese ganzen Links- und Rechtsabbieger, Busse und Bahnen, Fußgänger und andere Verkehrsteilnehmer, die mit stark reduzierter Geschwindigkeit unterwegs sind, ihr ganz persönliches grünes Licht bekommen haben.

Und dieser ärgerliche Farbwechsel ist nicht nur bei *einer* Ampel so. Nein, alle Ampeln, die mir leuchten, sind so geschaltet, dass sie *erst* noch Grün zeigen. Jedes Mal denke ich: Vielleicht schaffst du es doch noch. Nicht sehr wahrscheinlich, aber vielleicht reicht die Grünphase noch. Dieses eine Mal. Aber nein, egal, wie schnell oder langsam ich unterwegs bin, die Ampel bringt mich immer zum Halten. Langsam glaube ich, die haben in mein Auto einen Sensor eingebaut, der die Ampeln immer auf Rot schaltet, bevor ich die Kreuzung erreiche.

Aber es geht mir ja nicht nur mit meinem Auto so. Mit dem Fahrrad ist es genau das Gleiche. Ja, da ist es eigentlich noch viel schlimmer. Denn die Grünphasen für Fahrradfahrer sind viel kürzer. Und das bedeutet: längere, ja unendlich lange Rotphasen. Würde man als

Radfahrer nicht hin und wieder mal bei Rot die Straße überqueren, man käme überhaupt nicht zum Ziel. Ehrlich gesagt ist man geradezu gezwungen, bei Rot zu fahren. Ich bin mir gar nicht mal sicher, ob es so etwas wie Grünphasen für Radfahrer überhaupt gibt.

Was Radfahrer allerdings immer auf eine harte Probe stellt, sind die sogenannten »Den Kindern ein Vorbild«-Ampeln. Ich habe den Eindruck, die werden immer häufiger. Je weniger Kinder es gibt, desto mehr »Den Kindern ein Vorbild«-Ampeln. An diesen Ampeln hängt ein mahnendes Schild mit der besagten Aufschrift. Es fordert dich auf, bei Rot stehen zu bleiben. Und weil du an solchen Ampeln immer Rot hast, musst du immer bremsen. Sogar als Radfahrer. Denn auch als Radfahrer will man »den Kindern ein Vorbild« sein. Wäre ja schlimm, wenn sie mitbekommen, wie du die Verkehrsregeln brichst, bei Dunkelrot über die Straße heizt, dass es eine Freude ist. Die können das ja noch gar nicht einordnen. Die glauben vielleicht, das könnte jeder so machen, und laufen blindlings über die Straße. Weil du es ihnen vorgemacht hast. Kommt zwar selten vor, dass Kinder das tun, was du tust, aber auf diese Diskussion haben wir jetzt mal überhaupt keine Lust. Und so warten wir fein ab, bis es wieder grün wird. Zumindest wenn Kinder in der Nähe sind.

Und dann kommt es, wie es kommen muss: Du wartest. Endlos, weil diese Ampeln besonders lange Rotphasen haben. Doch hinter dir taucht plötzlich ein Fahrrad auf. Und zwar so ein lahmes Ding, mit einem keuchenden alten Sack drauf. Und der überquert einfach die – wie üblich menschenleere – Fahrbahn. Ohne dass irgendjemand zu Schaden kommt. Soll er doch. Wenn ihm so viel daran liegt. Schönes Vorbild. Aber dann darf man sich hinterher auch nicht wundern, dass unsere Kinder später mal stehlen, Drogen nehmen und fiese Videos ins Internet stellen.

Entsetzlich sind auch die Baustellenampeln. Wegen einer Baustelle kann der Verkehr nur einspurig in eine Richtung fließen. Und zwar grundsätzlich in die Gegenrichtung. Baustellenampeln hasse ich aus drei Gründen: Erstens rechne ich nicht mit ihnen.

Sie tauchen irgendwo auf, in der Fremde. Womöglich, wenn ich irgendeine »Abkürzung« nehme und es besonders eilig habe. Zweitens sind die Rotphasen besonders lang. Und drittens werden sie häufig von irgendjemandem betätigt. Der soll schauen: Aus welcher Richtung kommen gerade mehr Autos. Die bekommen dann Grün. Umso mehr darfst du dich persönlich getroffen fühlen, wenn die Ampel umgeschaltet wird, wenn du dich näherst. Dann tut sich erst mal eine ganze Weile gar nichts. Und dann tuckert irgend so ein Traktor heran und drei Autos, deren Fahrern du ansiehst: Die haben ganz viel Zeit.

Die schlimmsten Ampeln jedoch stehen in der Stadt, in der ich wohne. Das heißt, ich bin ihnen Tag für Tag ausgeliefert. Und nachts leider auch. Warum mich diese Ampeln aufregen, grundsätzlich aufregen, völlig egal, ob sie Rot, Grün oder Himmelblau anzeigen, ist Folgendes: Es gibt eine Phase, da haben alle Verkehrsteilnehmer *Rot*. Überflüssig zu sagen, dass es selbstverständlich keine Phase gibt, in der alle Grün haben. Aber Rot für alle – das gibt es.

Ich meine, bei einer normalen Ampel, da sagst du dir: Okay, ich habe jetzt Rot, muss anhalten, aber dafür sind jetzt eben die anderen dran, mit dem Fahren. Der Verkehr fließt. Und irgendwann, da ist es eben umgekehrt. Nicht so in meiner Stadt. Da wird zwischen jedem Wechsel eine Gedenkminute eingelegt, ein langer Moment, in dem der Verkehr ruht. Vermutlich haben sich die Leute, die diesen Unsinn ausgeheckt haben, wieder mal auf die Verkehrssicherheit rausgeredet: Die Leute stoßen seltener zusammen, wenn man an jeder Kreuzung den Verkehr zeitweilig zum Erliegen bringt.

Natürlich erreicht man damit das komplette Gegenteil. Die Leute reagieren gereizt, wenn sie dauernd gestoppt werden. Und vor allem Fußgänger nehmen die Ampelsignale nicht mehr so ernst, wie sie es sollten. Jeder weiß: Wenn die Ampel schon Rot zeigt, habe ich immer noch viel, viel Zeit, mich in aller Ruhe über die Straße zu bewegen, zu schlurfen oder auch zu kriechen. Es dauert halt, bis die anderen, die mich umfahren könnten, Grün bekommen.

Aber auch viele Autofahrer brettern gerne noch bei Dunkelrot über die Kreuzung, weil ihnen völlig klar ist: Bis die Kollegen von links und rechts kommen, kann es dauern. Dummerweise werden diese Vorkämpfer für den fließenden Verkehr allzu gerne geblitzt und müssen viel Geld zahlen. Geld, das vermutlich in das Vorhaben gesteckt wird, die allgemeinen Rotphasen noch weiter zu verlängern. Um die Verkehrsteilnehmer, die aus unterschiedlichen Richtungen kommen, noch stärker zu trennen.

Manchmal sind die gemeinsamen Rotphasen allerdings schon jetzt außergewöhnlich lang. Man denkt schon, die gesamte Ampelanlage ist außer Betrieb und natürlich bei Rot stehen geblieben. Dann aber kommt aus der Tiefe des Raumes irgendein Bus oder eine Trambahn angezischt. Und man weiß: Aha, hier regiert der öffentliche Nahverkehr. Warum auch nicht? Aber muss man deswegen so übertreiben? Ich habe den Eindruck, dass die Ampeln für alle anderen bereits auf Rot gestellt werden, wenn der Fahrer seinen Bus aus dem Depot holt.

Übrigens sind nicht nur die Ampeln furchtbar, die auf Rot stehen. Die grüne Ampel hat ihren guten Ruf völlig zu Unrecht. Denn sobald die Ampel Grün zeigt, musst du augenblicklich losfahren. Sonst wirst du gnadenlos angehupt, beschimpft und verflucht. Was gerade dann besonders wehtut, wenn man mal zwei Sekunden über etwas anderes nachgedacht hat als über diese fürchterlichen Ampeln.

31

RADWEGE

Wozu gibt es überhaupt Radwege? Dumme Frage, natürlich damit Autos darauf parken, Unternehmensberater ihre Rollkoffer barrierefrei hinter sich herziehen und Hundebesitzer ihren Köter an den nächsten Baum begleiten können. Außerdem werden Radwege gerne als Flaniermeile von Tagträumern genutzt. Man kann dort auch rückwärts gehen oder die Augen ganz geschlossen halten. Wer sperrige Gegenstände zu bewegen hat, begibt sich ebenfalls auf den Radweg. Mülltonnen werden gelegentlich dort abgestellt. Oder ausgeleert. Kleine Kinder laufen da herum, auf der Suche nach ihren Eltern oder um ihnen zu entwischen. Im Winter wird der Schnee gern auf die Radwege geschippt und im Herbst wird dort das Laub zusammengeharkt. Im Frühjahr und Sommer ist hingegen Glasscherbenzeit. Wer gerade ein Getränk zu sich genommen hat, egal, ob alkoholisch oder soft, der entsorgt die Flasche mit Vergnügen auf dem Radweg. Indem er sie in tausend Scherben zerschmeißt. Mit einem Wort, Radwege sind aus einer modernen Großstadt einfach nicht mehr wegzudenken.

Nur Radfahrer, die wirst du auf einem Radweg niemals antreffen. Zumindest nicht, wenn sie noch bei Verstand sind. Was man bei Radfahrern ja nicht so genau weiß (siehe Nr. 29: *Radfahrer, die sich überall durchmogeln müssen*). Aber Radfahrer meiden Radwege, die doch angeblich für sie angelegt wurden. Angelegt vermutlich von Fahrradhassern. Manche Radwege sind so gestaltet, dass du ständig damit rechnen musst, umgefahren zu werden. Andere sind mit scharfkantigen Hindernissen versehen, an denen du dir einen Platten fahren kannst. Manche Wege enden auch im Nichts. Und zwar so, dass du entweder auf eine stark befahrene Straße ausgespuckt wirst. Oder zusehen kannst, wie du mit den Fußgängern zurechtkommst. Mit den Fußgängern, die auf dem Bürgersteig unterwegs sind (und ausnahmsweise nicht auf dem Radweg).

Mit einem Wort, Radwege sind für Radfahrer vollkommen ungeeignet. Dabei warst du früher als Radfahrer sogar verpflichtet, einen Radweg zu benutzen, wenn er nun schon mal für teures Geld gebaut worden war. Heute ist das anders. Heute dürfen Radfahrer auch auf der Straße fahren. Sogar wenn es einen Radweg gibt, ja, eigentlich gerade dann.

Leider wissen das nicht alle Autofahrer. Manche regen sich schrecklich auf, blinken oder hupen sogar. Sie meinen: Radfahrer haben auf der Straße nichts zu suchen, wenn es doch Radwege gibt. Solche Autofahrer sind bestimmt noch nie auf einem Radweg unterwegs gewesen. Zumindest nicht mit dem Fahrrad.

32

LEUTE, DIE SICH BESCHWEREN,
WENN DU BEI ROT ÜBER DIE STRASSE GEHST

Also, was mich betrifft: Ich gehe immer wieder mal bei Rot über die Straße. Nicht aus Prinzip. Wenn die Ampel zufällig Grün zeigt und es droht keine Gefahr, dann gehe ich durchaus auch bei Grün. Warum auch nicht? Hauptsache ist doch, ich komme über die Straße.

Was einem aber immer wieder die Laune verderben kann, das sind die Leute, es nicht ertragen, wenn jemand bei Rot die Straße überquert. Sie selbst warten ab, bis es grün wird. Aber das bekommen wir ja nicht mehr mit, weil wir da schon ein paar Ecken weiter unterwegs sind. Was wir aber mitbekommen, das sind ihre giftsprühenden Blicke und ihr mühsam unterdrückter Zorn. Der ist umso größer, je freier die Straße ist. Sie denken sich wahrscheinlich: Unter diesen Umständen ist es keine Kunst, bei Rot über die Straße zu gehen. Kommt ja nicht mal ein Lastwagen, um diesen Regelbrecher umzumähen – und deshalb beschweren sie sich. Lautstark.

»Hallo, es ist Rot!«, »Sind Sie blind?!«, »Die Verkehrsregeln gelten auch für Sie!« lauten die beliebtesten Flüche vom Straßenrand. Und erst heute habe ich gehört: »Da ist eine *Ampel*.« Im Sinne von: Da kann man nicht einfach so rübergehen, wenn die Straße frei ist.

Was diese Leute nicht ertragen können: Du machst etwas, was verboten ist. Und du kommst ungestraft davon. Keine Polizei, die dich ergreift, dich aus dem Verkehr zieht und dir eine saftige Geldstrafe aufbrummt. Sie alleine wachen über die öffentliche Ordnung. Doch sind sie machtlos, es sind ihnen die Hände gebunden, mit denen sie dich am liebsten erwürgen würden. Und du ziehst aus deinem Regelverstoß noch einen satten Vorteil: Du kommst schneller voran als von der Straßenverkehrsordnung vorgesehen. Nein,

nein, das können sie dir nicht durchgehen lassen. Und deswegen rufen sie dir die bösen Worte hinterher. Worte, die dich daran erinnern, dass deine Mitbürger über die Einhaltung des Gesetzes wachen. Zumindest wenn wirklich niemand zu Schaden kommt, sondern einfach nur jemand gut davonkommt. Du eben.

Es ist diese Mischung aus Starrsinn, Kleinkariertheit, Missgunst und Hass auf alles Regelbrechende, die einfach widerlich ist. Was mir aber besonders auf die Nerven geht: Es ist so typisch deutsch. Aber nicht wirklich deutsch, sondern so klischeedeutsch. So kabarettdeutsch. Willst du bei einem bestimmten Publikum einen sicheren Lacher landen, stellst du so einen Typen auf die Bühne. So will doch ernsthaft niemand mehr sein in diesem Land. Sondern lässig, cool oder wenigstens tolerant. Der letzte Frankreichurlauber weiß doch: In anderen Ländern wirst du angehupt, wenn du bei Rot nicht über die Straße fährst, wenn sie frei ist. Und als Fußgänger kannst du sowieso machen, was du willst. Das ist es doch, was wir auch bei uns so gerne hätten, eine entspannte südländische Lebensart. Zumal die keineswegs ausschließt, sondern geradezu erfordert, dass man sich auch immer wieder gehörig aufregt. Aber bitte nicht über Personen, die bei Rot über die Ampel gehen. Das ist doch armselig.

Müssen diese Leute eigentlich das Klischee des humorlosen Deutschen so ungehemmt ausleben? Auf offener Straße? Vor Kindern, assimilationswilligen Migranten und Besuchern aus dem Ausland? Nein, müssen sie nicht. Sie tun es aber. Immer wieder. Und das ist es, was mich so unglaublich wurmt. Können die sich nicht einmal zusammenreißen? Wenn sie unbedingt andere Leute anraunzen wollen, um sich besser zu fühlen, dann gibt es doch wahrlich bessere Gelegenheiten dazu. Dieses Buch ist ja voll davon.

33

SCHLIMME BEIFAHRER

Verkehrsexperten klagen darüber, dass so viele Autofahrer alleine unterwegs sind. Vier Sitze, aber nur ein Platz besetzt. Vom Fahrer nämlich. Und manchmal ist auch der nicht richtig da. Was für eine Platzverschwendung, sagen die Experten. Würde man alle Plätze nutzen, dann wären unsere Staus nur ein Viertel so lang. Und bei einer Grünphase kämen viermal so viele Leute rüber.

Klingt alles erst mal sehr vernünftig. Das Problem ist nur, dass man dann auch drei Beifahrer verkraften müsste. Wo doch oft schon einer genügt, um einem den Rest zu geben. Da gibt es erst mal die Ahnungslosen, die einem das Ohr abquatschen, mit ihren öden, niemals enden wollenden Geschichten. Belanglose Erlebnisse, die du dir in allen Einzelheiten anhören musst. Vielleicht sollst du sogar noch deinen Senf dazugeben, deine »ehrliche Meinung« sagen. Was das Gespräch weiter in die Länge zu ziehen droht. Schlimmer noch: Wenn dein Beifahrer seine Meinung zu aktuellen Themen zum Besten gibt: Politik, Fußball, Fernsehprogramm, egal. Beifahrer haben die Angewohnheit, immer die dümmste aller möglichen Ansichten zu äußern. Jetzt kannst du dir aussuchen: Entweder lässt du solche Beifahrer labern, stimmst ihnen durch gelegentliches »Mhm« unverbindlich zu und konzentrierst dich lieber auf den Verkehr. Oder aber du widersprichst, beziehst Stellung, argumentierst sie leidenschaftlich und doch messerscharf in die Ecke und fährst in den nächsten Graben. Meist entscheidet man sich für einen Kompromiss: Man sagt nichts und fährt trotzdem in den Graben. Zumindest fast. Was dann wieder zu unerträglichen Kommentaren führt, die deine Fahrweise betreffen. Also, besser ganz in den Graben. Mit der Beifahrerseite voran.

Am schlimmsten aber sind die Beifahrer, die an deiner Fahrweise rummäkeln: Warum fährst du da lang und nicht dorthin? Da hättest

du aber abbiegen müssen. Leg mal einen anderen Gang ein. Wieso schaltest du überhaupt so komisch? Warum überholst du den nicht? Jetzt wäre frei gewesen. Nein, jetzt geht es nicht mehr. Mach mal Licht an. Rechts vor links, mein Lieber. Du fährst zu schnell. Hier ist Tempo 80. Hör mal, da schleift doch was. Ist das der Motor? Sind das die Bremsen? Die Kupplung? Du musst viel früher blinken. Siehst du nicht, dass der da vorne bremst? Achtung, die Kurve ist saugefährlich, die unterschätzt du immer. Lass den erst mal vorbei. Jetzt fahr schon, oder willst du hier übernachten?

Solche Kommentare machen einen verrückt. Wenn du anfängst, darauf zu reagieren, hast du schon verloren. Aber gar nichts sagen geht eben auch nicht. Daher geben die meisten irgendwelche unartikulierten Laute von sich. Dadurch können sie ihrer Missbilligung Ausdruck verleihen, ohne ihren Verstand überzustrapazieren. Andere fahren lieber rechts ran. Oder gleich in den Graben. Das Dumme ist nur, dass du so einen Beifahrer meist nicht so ohne Weiteres rauswerfen kannst. Weil du nämlich mit ihm verheiratet bist.

34

AUTOFAHRER, DIE STÄNDIG DIE SPUR WECHSELN

Wenn ich auf der Autobahn unterwegs bin, dann können sie mir wirklich gestohlen bleiben, diese Autofahrer, die dauernd links fahren. Entweder fahren sie zu langsam. Dann kommst du an ihnen niemals vorbei und musst dich, ob du willst oder nicht, an die Geschwindigkeitsbegrenzungen halten. Oder sie fahren zu schnell, rasen wie die Irren und treiben dich über die Autobahn wie ein Gepard eine übergewichtige Gazelle. Du versuchst, dich in Sicherheit zu bringen, auf die rechte Spur zu entkommen, doch richtest du dort nur Panik an, wenn du in Todesangst einfach mal scharf nach rechts ziehst. Der Raser bekommt davon nichts mehr mit, weil er schon ein paar Hundert Kilometer weiter das nächste Opfer mit seiner Lichthupe vor sich hertreibt.

Doch die Fahrer, die immer stramm rechts bleiben, sind eigentlich auch nicht viel besser. Vor allem wenn du als Beifahrer (siehe Nr. 33: *Schlimme Beifahrer*) bei ihnen im Wagen sitzt und kaum mit ansehen kannst, wie ihr ewig hinter einem stinkenden Lkw festhängt. Alle möglichen Kleinwagen ziehen an euch vorbei, Wohnmobile, Transporter, Reisebusse, militärische Spezialfahrzeuge, Kleinkrafträder, Spaziergänger, Schnecken mit Mobilitätseinschränkung … Aber ihr bleibt immer schön rechts. Aus Sicherheitsgründen. Irgendwann sagst du dir: Dann lieber sterben.

Andere Fahrer mit Rechtsdrall haben das entgegengesetzte Ziel: Sie tun alles, um rechts zu überholen. Das ist zwar verboten. Aber genau das spornt sie eben an. Sie fahren schnelle Autos, die zu rasanten Beschleunigungen in der Lage sind, ziehen im entscheidenden Moment scharf nach links, um dann wieder rechts einzuscheren für das nächste Überholmanöver. Dabei gilt ihr Motto: Wenn alle anderen bremsen, drücke ich erst recht auf die Tube.

Die Rechtsüberholer dürfen aber nicht verwechselt werden mit einer anderen Sorte von Fahrern, die ebenfalls gerne mal scharf nach rechts ziehen. Die treibt nicht so sehr die Lust am Nervenkitzel an, sondern sie verfolgen ein pädagogisches Anliegen. Die werden wir uns gleich noch mal gesondert vorknöpfen. Doch lässt sich von ihnen elegant überleiten zu den übelsten aller Fahrer auf der Autobahn. Und das sind diejenigen, die ständig die Spur wechseln und damit alle anderen verrückt machen. Auf diese Sorte Fahrer trifft man besonders oft in dichtem Verkehr. Was natürlich kein Wunder ist. Denn erstens wechseln besonders viele Fahrer gerne die Spur, wenn sie den Eindruck haben: Oh, oh, die Autos auf der anderen Spur kommen wieder mal schneller voran. Und zweitens *verursachen* diese übernervösen Spurwechsler überhaupt erst den dichten Verkehr. Oder sagen wir besser: Sie sorgen dafür, dass dichter Verkehr noch dichter wird und zäh fließender Verkehr zum Stillstand kommt. Denn wenn sie die Spur wechseln, muss erst mal gebremst werden. Nicht von einem, sondern von der ganzen Kolonne, denn die Leute wollen ja nicht aufeinanderfahren. Obwohl auch das gelegentlich vorkommt.

Doch das Dümmste ist nun: Wenn so ein Spurwechsler erst mal die Spur gewechselt hat, dann fangen die Fahrer an zu grübeln, die mit dem Spurwechsler auf einer Spur gewesen sind: Oh, oh, die Autos auf der anderen Spur kommen wieder mal schneller voran. Den Ersten reicht es schon. – Und dann wechseln sie ebenfalls die Spur. Und wieder müssen alle bremsen oder aufeinanderknallen. Hat das erst mal eine ausreichende Zahl von Idioten nachgemacht, dann geht es auf der neuen Spur nicht mehr voran. Dafür aber auf der anderen, von der alle geflüchtet sind und die nun frei ist. Womöglich befinden sich nur ein paar Schwertransporter auf dieser Spur, was die weitere Entwicklung noch zuspitzt. Denn nun reagieren die ersten Spurwechsler leicht panisch: Oh, oh, die Autos auf der alten Spur kommen schneller voran. Die ganzen Schwerlaster hängen uns ab. Die muss ich nachher alle wieder überholen. Also noch mal rüber.

Das gleiche Spiel von vorn. Wieder Gebremse. Und wieder machen es einige den Spurwechslern nach. Allerdings schon etwas weniger. Aber alle sind jetzt sauer. Diejenigen, die die Spur gewechselt haben, fluchen: »Wir hätten vorher gar nicht rüberfahren sollen.« Und diejenigen, die erst mal auf der Spur bleiben, fluchen: »Also, diesmal machen wir diesen Unsinn nicht mit. Es hat sich ja gezeigt: Es geht überall gleich langsam voran.«

Wenn wirklich nur wenige wechseln, kann es vorkommen, dass die Autos auf der neuen Spur tatsächlich für drei, vier Minuten schneller vorankommen. Was wiederum die spurtreuen Autofahrer zermürbt. Und wenn dann noch ein leicht aggressiver Beifahrer oder eine angenervte Beifahrerin ihre hämischen Kommentare abgeben, dann möchte man am liebsten aussteigen, zur nächsten Notrufsäule marschieren und sich abholen lassen. Von der Pannenhilfe, vom Notarzt, von der Polizei, egal. Hauptsache, weg hier!

Und das alles nur, weil irgendwelche Idioten meinen, sie müssten dauernd die Spur wechseln. Und noch größere Idioten es ihnen nachmachen.

35

VERKEHRSERZIEHER AUF DER AUTOBAHN

Autobahnen sind Orte des Grauens. Nicht unbedingt von sich aus, weil sie so öde und deprimierend aussehen. Das tun sie natürlich schon, aber wir wollen hier mal nicht so kleinlich sein. Immerhin handelt es sich um zweckmäßige Einrichtungen, denen wir unseren Wohlstand und das frische Obst im Supermarkt verdanken. Da darf man schon mal ein bisschen die Landschaft verschandeln und Tag und Nacht ordentlich Krach machen.

Nein, was Autobahnen so grauenhaft macht, ist etwas ganz anderes: sie ziehen in großer Zahl Menschen an, die nicht ganz richtig in der Birne sind. Darin ähneln sie übrigens den Ehemaligentreffen deiner Schule oder den Expertengruppen in den sozialen Netzwerken. Allerdings sind Autobahnen noch ein bisschen grauenhafter, weil diese Wahnsinnigen nämlich in einem lebensgefährlichen Tempo unterwegs sind. Entweder fahren sie viel zu langsam oder sie rasen wie die Irren. Sie fahren zu dicht auf, blinken falsch, gar nicht oder dauernd. Sie essen während der Fahrt, telefonieren, bohren in der Nase oder haben Sex – manche Lkw-Fahrer sollen auch alles gleichzeitig machen. Sie fahren zu weit rechts, zu weit links oder überhaupt in der Mitte, kleben auf der linken oder auf der rechten Spur oder wechseln dauernd hin und her, was ja sowieso am schlimmsten ist (siehe Nr. 34: *Autofahrer, die ständig die Spur wechseln*).

Wer öfter auf der Autobahn unterwegs ist, der kann nicht mehr ernsthaft an das Gute im Menschen glauben. Und vielleicht ist das ja gar nicht so übel. Denn auch wenn einem die Irren auf der Autobahn Angst machen können, so sind sie immer noch angenehmer als diejenigen, die gegen diese schlimmen Verhältnisse einen ebenso verbissenen wie aussichtslosen Kampf führen. Und damit sind natürlich nicht die Autobahnpolizisten gemeint, sondern jene Fahrer, die aus ihrem Privat-Pkw heraus die wilde Welt der Autobahn bezähmen wollen.

Da gibt es einmal die aktiven Tempobegrenzer, die mit der zulässigen Höchstgeschwindigkeit auf der linken Spur unterwegs sind. Hinter sich ziehen sie eine treue Gefolgschaft von hochmotorisierten Tempojunkies her, die es gar nicht erwarten können, an dem lahmarschigen »Safety Car« vorbeizuziehen. Ja, dass der so penetrant die gerade noch zulässige Höchstgeschwindigkeit einhält, staut die Wut der verhinderten Raser zu einer gefährlichen Monsterwelle aus purem Hass. Es dauert auch gar nicht lange, bis sie den Oberlehrer auf vier Rädern überholt haben. Wenn der auf Lichthupe, echte Hupe, Drängelei und andere Morddrohungen nicht reagiert, wird der eben von rechts überholt. Besonders Kühne nehmen gleich den Standstreifen. Auf jeden Fall wird es in solchen Situationen sehr ungemütlich auf der Autobahn. Und gefährlich vor allem für die Unbeteiligten, die vom Oberlehrer und seinen ebenso irrsinnigen wie unfreiwilligen Schülern in die Zange genommen werden.

Deutlich harmloser, aber genauso nervtötend sind Autofahrer, die dich überholen, wenn du auf der Mittelspur fährst, und die dann ganz scharf nach rechts ziehen. Sie wollen dir zu verstehen geben, dass du mit deiner lahmen Karre auf der mittleren Spur nichts zu suchen hast, sondern ganz nach rechts zu den Kriechern gehörst. Viele von diesen Verkehrserziehern fahren ein schnelles Auto mit sagenhafter Beschleunigung. Die erlaubt es ihnen, mühelos zwischen anderen Verkehrsteilnehmern dahinzugleiten, während wir jedes Überholmanöver strategisch vorbereiten müssen. Und so lautet ihre Botschaft an uns nicht nur: »Spurwechsel, du Krücke!« Sondern auch: »Du hast ein Scheißauto.«

36

LEUTE, DIE DAUERND ÜBER DIE DEUTSCHE BAHN MOTZEN

Das Buch über den kleinen Ärger zwischendurch – und kein Abschnitt über die Deutsche Bahn? Ihre rätselhaften, falschen oder unterbliebenen Durchsagen, der stets gefürchtete »außerplanmäßiger Halt«, ihre niemals warten könnenden »Anschlusszüge«? Das Chaos bei den Reservierungen, den »Sparpreisen« und der immer wieder mal »geänderten Wagenreihung«? Darüber könnte man doch ein ganzes Buch schreiben. Und wenn es sich gut verkauft, noch eins. Tja, diese Bücher gibt es schon. Und es gibt Leute, die überall rumerzählen: »Die Realität ist noch viel schlimmer.« Nun, es sind genau diese Leute, die mich noch viel mehr aufregen als dieses ganze entsetzliche Bahnchaos. Manchmal jedenfalls.

Natürlich ist die Deutsche Bahn ein Saftladen. Wenn man das einmal gefressen hat, dann wundert man sich, was die alles zustande bringen. Wie pünktlich die Züge sind, wie freundlich und hilfsbereit das »Serviceteam« ist, wie wohlschmeckend der Kaffee im »Bordbistro« – es sei denn, das »Bordbistro« kann »aus technischen Gründen« heute leider nicht mitfahren. Ja, sogar die englischen Durchsagen, über die sich jeder Arsch lustig macht, sind oft gar nicht übel. Ich meine, was erwarten die Leute? So mancher Zugbegleiter spricht besser englisch als der eine oder andere EU-Kommissar.

Und dann ist das Reisen mit dem Zug doch eine Supersache. Sanft gleitest du auf Schienen dahin und kannst gleich drei Dinge erledigen, die du nicht fertig bringst, wenn du mit dem eigenen Auto unterwegs bist: Lesen, Schlafen, während der Fahrt aufs Klo gehen. Es sei denn, das Klo ist heute aus »technischen Gründen« gesperrt. Oder du bist von lauter Knalltüten umgeben, die alle mal telefonieren müssen und ihr Gespräch mit den Worten beginnen: »Du, ich sitze hier gerade im Zug.« Dann wird das nichts mit dem

Schlafen, dann musst du dir die Ohren mit einem Kopfhörer verstopfen. Wenn du selbst keinen dabei hast, hilft dir das freundliche »Serviceteam« gerne weiter.

Zugegeben, der Deutschen Bahn unterlaufen immer wieder haarsträubende Fehler. Aber wem eigentlich nicht? Und werden wir nicht ständig hintergangen, enttäuscht und abgezockt? Gerade von Leuten, die den Mund besonders voll nehmen und sich immer wieder lauthals über die Deutsche Bahn beklagen. Das ist doch ekelhaft. Selbst bringen sie nichts auf die Reihe, aber über die Deutsche Bahn herziehen, weil das jeder macht, das ist natürlich immer noch drin. Mit diesem durchsichtigen Manöver versuchen sie auf die schäbigste Art und Weise, deine Zustimmung zu bekommen. Über den letzten Flug motzen? Besser nicht. Könnte ja sein, dass du ein begeisterter Vielflieger bist und den anderen für einen unangenehmen Querulanten hältst. Aber die Deutsche Bahn? Immer feste draufhauen. Ich finde, das muss endlich aufhören. Sogar wenn die Deutsche Bahn immer noch ein Saftladen ist.

Manche wollen auch nur ablenken von ihrer eigenen Mittelmäßigkeit, ihrer Unfähigkeit oder ihrem miesen Charakter. Sie wollen uns mitteilen: »Seht her, da gibt es jemanden, der ist noch tausendmal schlechter als wir. Und dieser Jemand ist die Deutsche Bahn. Lasst uns gemeinsam auf ihr herumtrampeln.«

Was aber so richtig ärgerlich ist: Diese widerlichen Opportunisten finden regelmäßig Zustimmung. Auch wenn ihre Klagen völlig aus der Luft gegriffen sind. Manche erfinden sogar Verspätungen, nur damit sie später als der Held dastehen. »Oh ja«, heißt es dann, »die Deutsche Bahn. Wissen Sie, was mir neulich passiert ist?« Und dann folgt eine dieser unsäglichen Geschichten, die ich bestimmt schon tausendmal gehört habe. Und die ich nicht mehr hören will. Ende, aus, vorbei. Natürlich kann man sich über die Deutsche Bahn beklagen. Aber bitte nicht in meiner Gegenwart.

37

LEUTE, DIE IN BUS UND BAHN AUF DEM GANGPLATZ SITZEN, WENN DER FENSTERPLATZ FREI IST

Egal, ob Bus, Bahn oder Flugzeug: Wenn sich die Leute einen Platz reservieren können, welchen nehmen sie da wohl? Ganz richtig, den Fensterplatz. Da können sie nämlich hinausschauen und werden nicht von den Leuten angerempelt, die im Gang unterwegs sind.

Doch wo setzen sich die Leute hin, wenn noch alles frei ist? Ganz richtig: auf den Gangplatz. Und der Fensterplatz bleibt frei. Das heißt, sie besetzen den gleich mit. Da legen sie Zeitungen, Bücher oder Fresspakete hin, damit jeder, der vorbeikommt, denkt: Verdammt, der Platz ist besetzt. Da muss ich mich woanders umsehen.

Im Bus oder in der Trambahn lässt sich diese Täuschung nicht lange aufrechterhalten. Doch das ist dann auch egal. Denn wer sitzen möchte, der muss erst mal fragen: »Ist der Platz am Fenster frei?« Oder gleich offensiv: »Lassen Sie mich bitte durch?« Darauf haben die meisten Fahrgäste keine Lust. Zumal jemand, der ganz offensichtlich zwei Plätze für sich beansprucht, nur ein Arschloch sein kann. Und wer will schon neben einem Arschloch sitzen? Da stehen sie lieber. Neben lauter netten Leuten.

Wenn es voller wird in Bus oder Bahn, steigt der Druck: Einerseits gibt es kaum noch freie Sitzplätze, andererseits outet sich jeder, der zwei Plätze für sich beansprucht, während immer mehr Leute stehen müssen, als Riesenarschloch. Und wer will schon neben einem Riesenarschloch sitzen? Nicht viele, denken sich die Betreffenden und stellen vielleicht noch eine Tasche oder Tüte auf dem Fensterplatz ab. Damit jeder sieht: Ihr müsst stehen, ihr Spackos, aber Hauptsache, meine Einkäufe haben es gemütlich.

Das ist dann manchen doch zu viel. Sie fassen sich ein Herz und fahren den Sitzblockierer an: »Nehmen Sie Ihre Tasche bitte vom Sitz?« Und dann zwängen sie sich an ihm vorbei ans Fenster. Möglichst so, dass ihr Gesäß dem Gesicht des Feindes recht nahe kommt. Oder sie erteilen gleich das Kommando: »Rutschen Sie bitte durch.«

Das will der Gangsitzer natürlich verhindern. Und darum setzt er sich einen Kopfhörer auf, aus dem laute Scheißmusik dröhnt. Wenn du ihn ansprechen willst, ist er taub. Außerdem: Wer will schon neben einem Oberriesenarschloch sitzen und sich dabei auch noch laute Scheißmusik aus dem Kopfhörer anhören müssen? Nicht viele, denken die Betreffenden und liegen fast immer richtig. Und das ist natürlich das Traurigste daran: Kaum spielt einer das rücksichtslose Riesenarschloch, schon bekommt er alles, was er will.

38

LEUTE, DIE GRUNDSÄTZLICH ALS ERSTE
IN DIE U-BAHN STEIGEN MÜSSEN

Eigentlich fahre ich gerne U-Bahn. Denn es findet unter der Erde statt, was schon mal viele Vorteile hat. Dort gibt es keine Ampeln (siehe Nr. 30: *Furchtbare Ampeln*), keine Autofahrer (siehe Nr. 34: *Autofahrer, die ständig die Spur wechseln*), und wenn du auf die U-Bahn wartest, kannst du nicht nass regnen und brauchst auch nicht zu frieren. So wie oben, wenn wieder mal kein Bus kommt oder die Straßenbahn irgendwo festhängt, wegen Schnee oder weil jemand mit seinem Jeep die Schienen zugeparkt hat. Außerdem begegnet man hier wundersamen Gestalten, die man über der Erde nicht so leicht zu sehen bekommt.

Und doch kann U-Bahn-Fahren fürchterlich sein. Zum Beispiel wenn alle gleichzeitig die U-Bahn benutzen wollen. Das kommt zweimal am Tag vor: Morgens, wenn die Leute irgendwo hinmüssen, und dann wieder ab dem späten Nachmittag, wenn die Leute wieder wegmüssen. Zu diesen Zeiten ist es in der U-Bahn kaum auszuhalten. Wenn du in die U-Bahn überhaupt hineinkommst. Dass so viele Menschen unterwegs sind, ist gar nicht mal das Schlimmste. Sondern dass so viele von ihnen unbedingt als Erste einsteigen müssen, das ist die eigentliche Scheiße.

Besondere Vorteile ergeben sich dadurch nicht für die Ersteinsteiger. Aber für alle anderen ergeben sich gewaltige Nachteile. Und vielleicht kommt es ihnen ja nur darauf an. Einige dieser Leute postieren sich schon frühzeitig exakt dort, wo der Einstieg sein wird. Von der U-Bahn ist noch nichts zu sehen, aber diese ausgebufften Nahverkehrsprofis kennen genau die richtige Stelle, an der sie sich aufstellen müssen, um die Nase vorn zu haben. Irgendein Erkennungszeichen gibt ihnen den Hinweis: Ein Muster im Fußboden oder sie haben sich gemerkt, dass vom linken Rand des Werbeplakats für das »Eiscafé Pinguin« noch zweieinhalb Schritte zu tun sind, um die beste Einstiegsposition zu besetzen.

Befindet sich bereits jemand an dieser Stelle, du zum Beispiel, dann stellen sie sich direkt vor deine Nase. Und zwar so, dass du ihr Hinterteil zu sehen bekommst. Ein Hinterteil, das ihnen als Absperrung dient und an alle Umstehenden die Botschaft sendet: »Hier kommt ihr nicht mehr vorbei.« Wer über keine entsprechende Rückfront verfügt, der bewaffnet sich gerne mit Rucksäcken, prallen Einkaufstüten oder Rollkoffern und blockt so drohende Überholmanöver erfolgreich ab. Oder er nimmt einen guten Freund mit. Denn zwei schmale Hintern, die vereint zusammenstehen, sind so gut wie ein einziger Fettarsch. Gegen den hast du keine Chance. Du musst ihm den Vortritt lassen. So ist das immer im Leben (siehe Teil II: *Beruf und Karrierehindernisse*).

Nun fragst du dich vielleicht: Was ist so schlimm an der ganzen Sache? Lass diese rücksichtslosen Vordrängler doch als Erste hinein, wenn ihnen so viel daran liegt. Bleib gelassen und steige ruhig nach ihnen ein. So schonst du deine Nerven und kommst auch noch vor ihnen wieder hinaus – meinst du. In deiner Ahnungslosigkeit.

Es ist nämlich so, dass diejenigen, die als Erste hineinkommen, augenblicklich nur noch eine Sorge kennen: Wie kommen wir später wieder hinaus? Um sicherzugehen, bleiben die Vordrängler gleich in der Nähe der Türen stehen – egal, wie viele Stationen sie noch vor sich haben und ob sie überhaupt erst an der Endstation rausmüssen. Auf diese Weise riegeln sie den Innenraum gegen andere Fahrgäste ab, die auch noch zusteigen wollen.

Doch damit nicht genug. Wer nachgibt, wer zurückweicht, wer nicht motzt, sich nicht in den Weg stellt, nicht zurückschubst und nicht mal unauffällige Tritte verteilt, der macht sich mitschuldig an diesem ganzen Elend. Denn du bestärkst diese rücksichtslosen Vordrängler nur, wenn du sie ungeschoren davonkommen lässt. Sie fühlen sich großartig, feiern ihren miesen kleinen Triumph auf deine Kosten und sonnen sich in der Überzeugung, mal wieder alles richtig gemacht zu haben. Willst du das?

Und schließlich ermunterst du all die noch Unentschlossenen, es den rücksichtslosen Vordränglern gleichzutun und dich beiseitezurempeln. Das ist der menschliche Herdentrieb: Wenn die Leute unsicher sind, was sie tun sollen, folgen sie einfach den rücksichtslosen Vordränglern. Denn die wissen immer genau, wo es langgeht. Das ist schon im Kindergarten so, im Berufsleben erst recht und für die U-Bahn gilt es eben auch.

Und vergessen wir eines nicht: Die schlimmsten Vordrängler sind ja nicht die, die bereits vorne stehen. Die schlimmsten Drängler kommen erst noch, von hinten. Oder schräg von der Seite. Denen musst du ohnehin noch ausweichen. Ob du ihnen den Vortritt lassen willst oder nicht. Die haben da so ihre Technik, Leute wie dich und mich abzudrängen. Da ist nichts zu machen.

Und wenn du jetzt noch erkennen lässt, dass es in deinem Leben wichtigere Dinge gibt, als in diesem Augenblick in diese U-Bahn einzusteigen, dann hast du verloren. Sie werden sich *alle* an dir vorbeipressen, die nervösen Frauen, die feisten Männer, die flinken Kinder, die mürrischen Berufspendler, die wendigen Senioren, die zappeligen Schüler, die übergewichtigen Quereinsteiger, die glattrasierten Geschäftsleute, die hemmungslos Gesunden und die krückstockbewehrten Gebrechlichen. Und dann musst du auf die nächste U-Bahn warten, weil für dich nämlich kein Platz mehr ist und die Türen vor deiner Nase zugehen. Wieder einmal.

TEIL VI

GESUNDHEIT UND KÖRPERPFLEGE

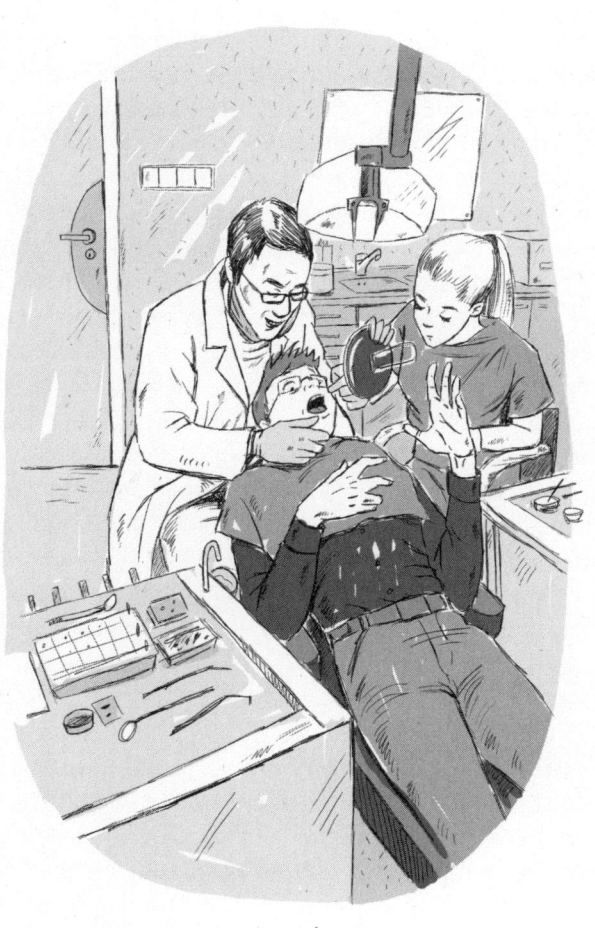

Wer gesund ist, ist nur noch nicht gründlich genug untersucht worden, lautet eine alte Ärzteweisheit. Tatsächlich finden Ärzte immer etwas. Zumindest wenn du dich kerngesund bei ihnen zu einer sogenannten »Routineuntersuchung« einfindest. Andersrum ist es schon schwieriger: Dir geht es miserabel, du willst dich krankschreiben lassen, eine gepflegte Kur beantragen oder eigentlich nur klären, an welcher tückischen Krankheit du zugrunde gehst – und dein Arzt findet nichts. Deine Beschwerden seien psychosomatisch, heißt es dann. Was so viel bedeutet wie: Schon wieder so ein verfluchter Hypochonder. Und Krankheiten kommen sowieso immer zu den unpassendsten Gelegenheiten: Wenn du eine wichtige Prüfung vor dir hast. Wenn du eine wichtige Prüfung hinter dir hast (und endlich mal ausspannen wolltest). Wenn du in die Ferien fährst. Wenn du eine wichtige Verabredung hast. Und überhaupt am Wochenende. Das ist sogar wissenschaftlich erwiesen. Solange du noch arbeitest, ist dein Körper mit anderen Dingen beschäftigt. Kaum ist Wochenende, wirst du krank. Ich frage mich schon, was ist da los, mit unserem Körper? Auf wessen Seite steht der eigentlich? Reißt sich zusammen, solange Chef, Kollegen und andere Leute was von ihm wollen? Und macht schlapp, wenn wir ihn mal für unsere Freizeit brauchen?

Du merkst schon, das Kapitel Gesundheit und Körperpflege bietet ausreichend Stoff für den kleinen Ärger zwischendurch. Denn ob gesund oder krank, gepflegt oder ungepflegt, immer gibt es Anlass, sauer zu sein und über sein schweres Los zu klagen. Ja, auch und gerade wenn du gesund bist. Die Leute tun immer so, als wäre alles in Butter, wenn man nur gesund ist. Hauptsache gesund, sagen sie. Die haben keine Ahnung. Schau dir die Gesunden doch mal an. Glaubst du, die sind glücklich und zufrieden? Glaubst du, das sind besonders angenehme Menschen? Unsinn, gerade die Gesunden führen sich manchmal auf, dass man ihnen auf die Finger hauen möchte. Gesundheit ist auch keine Lösung. Gesundheit macht träge, dumm und undankbar. Ohne Krankheit ist Gesundheit sowieso nicht auszuhalten.

39

ZAHNÄRZTE, DIE DIR EINEN SPIEGEL VOR DEN MUND HALTEN UND FRAGEN: »SEHEN SIE DAS?«

Wenn du zum Zahnarzt gehst, dann bist du doch sowieso schon am Boden. Entweder wirst du von Schmerzen zerfetzt, schlimmen Schmerzen, die sich in deinem innersten Kern, mitten in deinem Kopf eingefressen haben. Und du suchst Rettung, Rettung bei deinem Zahnarzt. Das sagt doch schon alles. Oder aber du gehst zu einem sogenannten »Vorsorgetermin«, um dir den jährlichen Stempel für dein sogenanntes »Bonusheft« zu holen. Und du ahnst schon: Das wird Ärger geben. Egal, wie regelmäßig, ja, sorgsam du jeden Tag die Zähne bürstest. Anders gesagt: Entweder hast du ein Problem, wenn du zum Zahnarzt gehst. Oder du bekommst eins.

Früher sind die Zahnärzte ohne viel Federlesens zu Werke gegangen. Sie haben ihren Haken genommen und ihren Spiegel. Und dann haben sie dich einfach so behandelt. »Es tut gleich ein bisschen weh« war das Äußerste, was du von deinem Zahnarzt während der Behandlung an Service-Infos bekommen hast. Heute ist das anders. Heute sitzt du mit im Boot. Heute bist du Partner deines Zahnarztes. Oder vielmehr andersrum: Der Zahnarzt ist dein Partner, der dich bei der Zahnpflege unterstützt und dich berät. Und genau das ist das Fürchterliche daran.

So bekommst du beim Vorsorgetermin schon mal gleich einen Spiegel in die Hand gedrückt. Und wenn dein Zahnarzt auf irgendetwas Interessantes oder Bedenkliches gestoßen ist (was für ihn ohnehin dasselbe ist), dann musst du den Spiegel nehmen und dir das ganze Elend ansehen, das sich in deinem Mund befindet. Noch.

»Sehen Sie das?«, fragt dich dein Zahnarzt. Erst mal siehst du natürlich gar nichts. Und genau das schwingt in dieser Frage mit. Die Unterstellung: Du siehst nichts, du spürst nichts, du bist zu blöd für deine Zähne. Aber zum Glück hast du ja deinen Zahnarzt. Der wird dir gleich erklären, welche Bedeutung dieser kleine dunkle Fleck oder diese unscheinbare Rötung haben. Nämlich keine gute. Irgendetwas ist faul, entzündet oder mindestens »gereizt«. Irgendwelche Veränderungen haben stattgefunden. Irgendwelche Maßnahmen müssen eingeleitet werden, Maßnahmen, die oft viel Geld kosten. Und zwar dich.

Aber sogar wenn du gar nichts zahlen musst, es ist einfach demütigend, wenn du mit weit aufgerissenem, voll ausgeleuchtetem Schlund im Behandlungsstuhl hängst und mit deinem Zahnarzt über deine schlechten Zähne reden sollst. Mehr als ein kehliges »Aaa-haa« bringst du sowieso nicht raus, während dein Zahnarzt zu großer Form aufläuft. Und erklärt und belehrt. Vielleicht soll auch noch ein Röntgenbild gemacht werden. Abdrücke. Klammern. Provisorien. Das ganze Programm. Du malst dir schon mal die einzelnen Behandlungsschritte aus und überlegst, wie viel Betäubungsspritzen du diesmal brauchen wirst (siehe Nr. 44: *Schlimme Spritzen*).

Manche Zahnärzte stellen die Frage »Sehen Sie das?« auch bei eher harmlosen Dingen. Wie zum Beispiel: »Sie putzen an dieser Stelle nicht richtig. Sehen Sie das?« Oder: »Die Höcker Ihrer Backenzähne oben rechts haben zu wenig Kontakt. Sehen Sie das?« Oder: »Ihre Frontzähne stehen ein bisschen eng. Sehen Sie das?« Natürlich siehst du das. Auch wenn du nichts siehst. Sehen heißt zustimmen. Und ohne Zustimmung musst du hier noch ganz andere Dinge über dich ergehen lassen.

Dabei *willst* du das alles gar nicht so genau sehen. Keine Höcker, keine Lücken, keine Löcher. Es genügt vollkommen, dass man später mit der Zunge daran *herumfährt* und einem winzige Abweichungen wie riesige Krater oder Vorsprünge vorkommen. Wenn du schlechte Zähne so faszinierend finden würdest, dann wärst du Zahnarzt geworden. Bist du aber nicht. Und so hältst du den Spiegel irgendwie in Richtung Mund, schaust irgendwo daran vorbei und sagst brav: »Aaa-haa … aaa-haa …« Nur um diese unangenehme Sache hinter dich zu bringen. Und jetzt hast du es auch schon geschafft. Darfst ausspülen und dir einen Termin geben lassen. Das Schlimmste steht dir allerdings noch bevor. Und wieder einmal hat alles mit dieser verfluchten kleinen Frage angefangen: »Sehen Sie das?«

40

WARTEN IM WARTEZIMMER

Arztbesuche wären nur halb so schlimm, wenn das Wartezimmer nicht wäre. Oder vielmehr das Warten im Wartezimmer. Das stundenlange Warten im Wartezimmer. Warum nur lässt man uns so lange warten im Wartezimmer? Ich meine, wenn man jeden Tag Termine vergibt, und das über Jahre und Jahrzehnte, dann müsste man es doch langsam raushaben. Wie das geht, dass die Patienten *nicht* stundenlang warten müssen, bis sie endlich dran sind.

Die Wahrheit ist natürlich: Die machen das mit Absicht. Du *sollst* stundenlang warten, bis du endlich drankommst. Eine Stunde Warten für drei Minuten Small Talk mit dem Doc, der gedanklich schon beim übernächsten Patienten ist – und dir hoffentlich das richtige Rezept ausstellt. Ein Wartezimmer muss brechend voll sein. Sonst könnte man ja glauben: Kein anderer will diesen komischen Arzt aufsuchen. Du bist der Einzige, der ihm auf den Leim gegangen ist. Wenn sich aber im Wartezimmer die Patienten drängeln, dann kann das ja nur heißen: Alle wollen zu diesem famosen Arzt. Er muss über wundersame Heilkräfte verfügen. Denn warum wären die Menschen sonst bereit, diese Unannehmlichkeiten in Kauf zu nehmen?

Es ist der alte Harry-Potter-Schlussverkauf-Apple-Trick: Wenn so viele Leute da schon am Vorabend anstehen, dann reihe ich mich am besten auch gleich in die Schlange ein, um dieses tolle Gerümpel zu kaufen. Sagen sich die Leute. Aber während du beim Schlussverkauf, bei Harry Potter oder beim Apple-Gedöns sagen kannst, selber schuld, wer darauf reinfällt – wenn *ich* ein Harry-Potter-Buch lesen will, dann spaziere ich ganz entspannt einen Tag später in den nächsten Buchladen –, so geht das bei einer Arztpraxis natürlich *nicht*. Es ist jeden Tag rammelvoll. Und du *musst* zum Arzt. Wie alle anderen auch.

Nun könntest du ja sagen: Okay, ist halt so. Nehm ich mir ein leckeres Buch mit (dieses hier zum Beispiel) oder einen MP3-Player, habe ich noch ein bisschen Spaß beim Warten, und wenn ich dann drankomme, kann ich dem medizinischen Fachpersonal ganz entspannt entgegentreten. Doch so läuft das hier nicht. Es fängt damit an, dass du zwar ahnst, aber nicht *sicher* weißt, wann du dran bist.

In unregelmäßigen Abständen erscheint eine Sprechstundenhilfe im Wartezimmer und sagt so was wie: »Frau Lützelbrecht-Beerenbohm? Frau Lützelbrecht-Beerenbohm, bitte!« Und dann erhebt sich Frau Lützelbrecht-Beerenbohm, um dem Sprechzimmer entgegenzuwanken. Vielen Patienten fällt das Gehen etwas schwer, weil sie im Wartezimmer ja schon festgewachsen sind. Doch worauf es uns ankommt: Du darfst unter keinen Umständen den Moment verpassen, wenn die Sprechstunde *deinen* Namen ins Wartezimmer ruft. Sonst darfst du dich gleich wieder *hinten* anstellen.

Das gilt im Übrigen auch für die überschlauen Patienten, die vor dem Arztbesuch kalkulieren: »Termin habe ich um zehn Uhr, das letzte Mal habe ich zwei Stunden gewartet. Also schau ich mal gegen Viertel vor zwölf vorbei.« Nein, so etwas geht natürlich nicht. Wie bei der Formel 1 musst du dir deinen Startplatz erst verdienen. Aber nicht durch Schnelligkeit im Qualifying wie beim Autorennen, sondern durch geduldiges Warten im Wartezimmer.

Aber zurück zum Aufgerufenwerden: Weil du diesen Moment nicht verpassen darfst, kannst du es schon mal vergessen, dir mit deinem MP3-Player eine schöne Zeit zu machen. Manche Patienten unternehmen trotzdem den Versuch, aber nur halbherzig oder vielmehr halbohrig: Sie stopfen den Kopfhörer nur in einen Gehörgang und beschallen mit dem anderen das Wartezimmer. Mit ihrer Idiotenmusik.

Lesen geht auch nicht so richtig gut. Zumindest bemühen sich zahlreiche Mitmenschen, dich am Lesen zu hindern: Die anderen Patienten, die Geräusche von sich geben, rätselhaft oder unappetitlich. Oder die furchtbare Unterhaltungen führen, vornehmlich

wenn sie schwerhörig sind. Aber auch das Praxispersonal ist be-strebt, im Wartezimmer immer wieder für die nötige Grund-Un-ruhe zu sorgen. Unter anderem durch das Verteilen von Fragebögen zu allen möglichen Themen: Ob du gegen irgendetwas allergisch bist – wie zum Beispiel Fragebögen. Ob du mit der Praxis zufrieden bist. Ob du an einer überflüssigen, teuren und schädlichen Vor-sorgeuntersuchung teilnehmen möchtest. Und wenn nein: Warum nicht? »Haben Sie unseren Fragebogen schon ausgefüllt?«, werden die Patienten immer wieder gefragt. Und es zeigt sich: Nein, die Patienten haben den Fragebogen noch nicht ausgefüllt. Was für einen Fragebogen überhaupt? Ach so, *den* Fragebogen, ja, den hat-ten Sie schon letztes Mal abgegeben … nein, das ist jetzt ein neuer Fragebogen mit den allerneuesten Allergien und den topaktuellen Vorsorgeuntersuchungen … Wie willst du da in Ruhe lesen?

Beim Augenarzt ist es besonders hart. Einmal weil hier die Be-handlung meist zweistufig erfolgt: *Erst* darfst du zum Sehtest mit der Sprechstundenhilfe. *Dann* darfst du wieder im Wartezimmer »Platz nehmen« und *erst dann* wirst du zum Augenarzt vorgelassen. Zwei-tens träufelt dir der Augenarzt auch gerne mal ein Mittelchen ein, mit dem er deine Pupillen weitet. So dass du aussiehst, als hättest du Drogen genommen. Und dann darfst du *wieder* im Wartezimmer »Platz nehmen« – und kannst nicht lesen, weil dir die Buchstaben vor den Augen verschwimmen, den geweiteten Pupillen sei Dank.

Manchmal aber, da scheint alles anders zu sein. Das habe ich selbst schon mal erlebt. Termin beim Augenarzt. Anstelle der furchtbaren Wartezimmer-Zeitschriften aus dem letzten Jahrtau-send gab es interessanten Lesestoff. Ich vertiefe mich in das Maga-zin, beginne einen faszinierenden Artikel über das Leben der Affen im Urwald – da werde ich aufgerufen. Nach fünf Minuten – gerade als für mich feststand: Ich will nicht sterben, bevor ich nicht diesen Artikel zu Ende gelesen habe. Und es kam, wie es kommen musste: Ich kehrte mit geweiteten Pupillen ins Wartezimmer zurück. Und was soll ich sagen? Es kostete mich noch zwei weitere Behandlungen, ehe ich den faszinierenden Artikel über das Leben der Affen im Urwald beenden konnte.

Besonders schlaue Patienten versuchen die ganze Warterei zu umgehen, indem sie sich bemühen, den *allerersten* Termin zu bekommen. Aber das ist schwierig, denn es wollen natürlich *alle* den *ersten* Termin bekommen. In manchen Praxen bekommen auch alle den ersten Termin. Damit sich von Anfang alles schön knüppelt.

Und doch lässt es sich auch durch die durchtriebenste Sprechstundenhilfe nicht verhindern: Einer *muss* den Anfang machen. Einer ist als Erster dran. Vielleicht bist du das ja mal. Und auf *wen* solltest du dann warten müssen, bitte schön? Die Antwort lautet: auf den Arzt natürlich. Der steht im Stau, muss noch irgendwo operieren oder seine zwei Stunden Schlaf nachholen und trifft grundsätzlich immer erst in der Praxis ein, wenn sich die Patienten im Wartezimmer auf die Füße treten.

41

PATIENTEN, DIE NACH DIR GEKOMMEN SIND, ABER VORHER DRANKOMMEN

Wenn du ein Wartezimmer betrittst, dann kalkulierst du schon mal durch: Da sitzen drei Leute. Für jeden braucht deine Ärztin, sagen wir: 15 Minuten. Macht eine dreiviertel Stunde. Plus die Restzeit, die der Patient noch behandelt wird, der *jetzt* gerade im Behandlungszimmer leidet. Oder es befindet sich *gar keiner* im Wartezimmer. Außer dir. Du bist der Nächste, glaubst du, und bereitest dich innerlich schon mal darauf vor. Sollst du überhaupt dein Buch auspacken? Oder eine von diesen abgegriffenen Lesezirkel-Zeitschriften anpacken? Erst mal hinsetzen, abwarten und den Sekundenzeiger beobachten.

Deutlich nach dir betritt eine weitere Person das Wartezimmer. Irgendeine seltsam unangenehme Erscheinung. Mumie im Pelz oder ein Typ mit leicht irrem Blick. Oder ein Ehepaar, das sich unterhält, als müsste es gegen eine schwere Baumaschine anreden. Deine gute Laune bekommt einen leichten Knick nach unten. Aber du sagst dir: Lange musst du das nicht ertragen. Bis du dran bist, kann es nicht mehr lange dauern. Kann es aber doch – und zu deiner Bestürzung bist auch gar nicht du dran, sondern die Mumie, der Irre oder das Ehepaar.

So eine unerwartete Herabstufung kann einen völlig fertigmachen. Nicht nur weil du dich schon so auf die frühzeitige Begegnung mit der Ärztin gefreut hast. Sondern auch, weil du dich sofort fragst: Warum sind die jetzt *vor* mir dran? Die sind doch *nach* mir gekommen! Liegt es daran, dass ich alt, hässlich oder nachlässig gekleidet bin? Sind das Privatpatienten, die hier auf der Überholspur behandelt werden? Oder hat die Sprechstundenhilfe etwas gegen mich? Werde ich nicht ernst genommen? Glauben die, ich hätte mehr Zeit als andere? Glauben die, *mir* würde es nichts ausmachen, hier, in diesem stupiden Wartezimmer rumzusitzen und meine Zeit totzuschlagen?

Es ist ja schon schlimm genug, so lange in einem Wartezimmer herumzusitzen. Aber immerhin tröstet einen der Gedanke: Allen anderen geht es ja genauso. Wir alle müssen durch die Warteschleife. Ob dick oder dünn, arm oder reich, Karies oder Kopfschmerzen. Das ist nun mal die goldene Regel des Wartezimmers: Hier müssen *alle* warten. Das sagt ja schon der Name »Wartezimmer«. Wenn nun also irgendjemandem die Wartezeit einfach erlassen wird, dann wird die goldene Regel des Wartezimmers verletzt. Und wenn diese erlassene Wartezeit zusätzlich noch auf deine Wartezeit *draufgeschlagen* wird, dann ist das einfach zu viel. Du fühlst dich zurückgesetzt, schlecht behandelt, verstoßen. Ein Patient zweiter, ja, dritter Klasse, das bist du.

Die goldene Regel des Wartezimmers. In abgewandelter Form begegnet sie uns in vielen Bereichen des menschlichen Zusammenlebens. Auch beim Bäcker gilt das Prinzip: Wer später kommt, kommt später dran. Doch hier, in der Arztpraxis, in der es ja nun besonders fair und gerecht zugehen sollte, werden alle Prinzipien einfach so über Bord geworfen. Weil es einem grade so passt. Weil man es mit dir ja machen kann. Du bist ein kranker, schwacher Mensch, der sich nicht wehrt, der auf ärztliche Hilfe angewiesen ist. Und diese Schwäche und Abhängigkeit wird gnadenlos ausgenutzt. So brutal geht es heute zu, in unserem Gesundheitssystem.

Als Nächster wirst du aufgerufen und darfst ins Behandlungszimmer. Dort erfährst du: Die vor dir dran waren, das waren keine Patienten mit der goldenen Clubkarte. Das war ein Notfall, der musste sofort behandelt werden. Der Arzt ist noch ganz fertig. Jetzt bist du ein bisschen beschämt. Ach, so ist das. Na dann … Aber warum hat man dir das nicht gleich gesagt? Warum hat man dich in dem Wartezimmer zurückgelassen, in dem Glauben, du seiest hier eine unerwünschte Person? Ich meine, mit dir kann man doch reden. Du hast doch für alles Verständnis. Oder etwa nicht?!

Nicht weniger unangenehm ist es übrigens, wenn du selbst mal ein voll besetztes Wartezimmer betrittst – und als erster drangenommen wirst. Alle Augenpaare sind auf dich gerichtet. Und aus allen spricht unbändiger Hass: Wieso darf der jetzt als *Erster* rein? Wo er doch als *Letzter* gekommen ist! Dabei bist du doch ein Notfall. Das sieht man doch. Aber die Leute sehen es nicht. Denn sie sind wieder mal viel zu sehr mit sich selbst beschäftigt.

42

ZU RISIKEN UND NEBENWIRKUNGEN

Wenn du dich heute einer medizinischen Behandlung unterziehen willst, wird dir erst mal etwas Angst gemacht. Ich frage mich warum. Es ist doch schon unangenehm genug, krank zu sein. Oder Beschwerden zu haben. Im Rücken, im Kopf, im Knie, im Hintern, wo auch immer. Glauben die Ärzte und Pharma-Leute vielleicht, man muss die Stimmung der Patienten vorsichtig eintrüben, weil sie sonst durchdrehen vor Freude und Ausgelassenheit? Weil sie sonst ihre Pillen leichtsinnig wegfressen und ihre Fiebertropfen einfach auf ex austrinken?

Ich weiß, ausnahmsweise haben Ärzte und Pharma-Leute mal keine Schuld. Sondern der Gesetzgeber hat sie gezwungen. Sie sollen uns aufklären über die Risiken und Nebenwirkungen von dem, was sie da vorhaben mit uns. Klingt ja erst mal ganz vernünftig. Und wie immer, wenn etwas ganz vernünftig klingt, kann das nur fürchterlich schiefgehen.

Das fängt mit den Tabletten an, die dir dein Arzt verschrieben hat. Bevor du sie einnimmst, sollst du unbedingt die »Packungsbeilage« lesen. Heißt es. Die Packungsbeilage ist schon so gedruckt, dass sich ältere Menschen den Text von ihren Enkeln vorlesen lassen müssen. Normalsichtige kommen mit einer handelsüblichen Lupe aus. Und wenn du den Text bis zum Ende gelesen hast, überkommt dich das Grauen.

Die Risiken und Nebenwirkungen, die da aufgelistet werden, kündigen sich bereits an, wenn du sie liest: Hautausschlag (ist eigentlich immer dabei), Benommenheit, Kopfschmerzen, Schwindelgefühle, Schleimhautschwellung, Juckreiz, Atembeschwerden, Fieber, Übelkeit, Trockenheitsgefühl in Mund- und Rachenraum, Durchfall, Gelenkschmerzen, Muskelkrämpfe, Magenkrämpfe, Nierenversagen,

Depressionen, Angststörungen, Wahnvorstellungen und vieles mehr. Ja, ja, da steht dann schon dabei, dass solche »Nebenwirkungen« nicht auftreten »müssen«. Dass sie »selten« oder sogar »sehr selten« vorkommen. Vermutlich am seltensten bei denen, die die Packungsbeilage nicht gelesen haben. Denn wenn du so ein Register von neuen Krankheiten vor die Nase bekommst, dann kannst du dich als ganz normaler Hypochonder gleich in die Klinik einweisen lassen.

Außerdem: Was heißt überhaupt »selten«? Es heißt doch wohl: Nicht selten genug, als dass nicht ausgerechnet *du* diese Sache bekommen könntest. Sonst hätte man die ganzen Nebenwirkungen ja gar nicht aufführen müssen. Das heißt: Das wäre sowieso das Beste gewesen. Denn was soll man als armes krankes Schwein denn machen? Die Botschaft, die aus der »Packungsbeilage« zu uns spricht, lautet: »Nimm es nicht. Das Zeug ist viel zu gefährlich. Beiß lieber die Zähne zusammen. Das bisschen Fieber, deine Kopf- und Gelenkschmerzen, die vergehen schon von selbst. Oder willst du dein Fieber senken, dafür aber Pickel kriegen, Magenkrämpfe und Depressionen? Dann, ja dann greif zu!«

Natürlich soll gerade das nicht passieren. Wir sollen das Zeug ja brav einnehmen, wenn es der Arzt unseres Vertrauens uns schon verschrieben hat. Doch warum macht man uns dann noch mit diesen »Risiken und Nebenwirkungen« Angst? Weil damit alle anderen aus dem Schneider sind.

Du hast ja die »Packungsbeilage« gelesen und weißt: Vielleicht richten diese Wundermittel mehr Schaden an, als dass sie helfen. Vielleicht auch nicht. Wer weiß? Auf jeden Fall hast du von Anfang an *gewusst*, was auf dich zukommen kann. Wenn du das Zeug trotzdem schluckst, dann brauchst du dich später nicht zu beschweren, wenn du wahnsinnig wirst. Wenn du aber das Zeug *nicht* schluckst, dann ist es natürlich noch viel schlimmer. Für nicht eingenommene Medikamente gibt es nicht mal eine »Packungsbeilage«!

Den gleichen Quatsch veranstaltet man auch vor Operationen. Da muss dir dein Arzt vorher erzählen, was alles so schiefgehen kann. Du kannst gelähmt werden, blind, blöd oder tot. Passiert schon nicht, aber man wird ja noch darauf hinweisen dürfen. Nicht dass du dich später wunderst. Und du musst tausend Formulare unterschreiben, aus denen hervorgeht: Wenn wirklich was schiefgeht, dann bist du daran schuld. Sollte es also noch Leute geben, die vor einer Operation keine Angst haben: Das könnt ihr euch spätestens an dieser Stelle abschminken. Dabei ist die Operation noch der angenehmste Teil deines Klinikaufenthalts, wie wir gleich sehen werden.

43

KRANKENSCHWESTERN, DIE IMMER DANN RAUSGERUFEN WERDEN, SOBALD DU NACKT AUF EINEM BEIN IM ZIMMER STEHST

Es gibt Leute, die würden niemals freiwillig ins Krankenhaus gehen. Ihr Arzt muss sie irgendwie überlisten. Und die ganze Familie hilft mit. Oder sie kippen irgendwo um, haben einen Unfall oder einen Anfall, brechen sich was und werden, ob sie wollen oder nicht, ins nächste Krankenhaus gefahren. Und die Lebenserfahrung lehrt: Das nächste ist immer das schlimmste von allen möglichen Krankenhäusern.

Widerstand gegen Krankenhäuser ist also eigentlich zwecklos. Wenn du hineinmusst, kommst du ohnehin rein. Früher oder später. Also dann doch lieber früher. Und Klinik selbst aussuchen. Denn manche Krankenhäuser sind es schon wert, dass man einen weiten Bogen um sie macht.

Dabei sind es nicht nur die Ärzte, die dir das Leben schwermachen können. Indem sie dir die falschen Organe rausnehmen, das falsche Bein abnehmen, Nervenbahnen und Sehnen durchsäbeln, Klemmen, Zangen oder ihr Smartphone in deiner Bauchhöhle vergessen. Auch die Schwestern und Pfleger haben einen gewaltigen Anteil daran, wie gesund oder zermürbt du wieder aus der Klinik rauskommst. Und ob überhaupt.

Das fängt schon frühmorgens an. Wenn du geweckt wirst. Wobei *Wecken* ja eigentlich voraussetzt, dass du irgendwann mal *geschlafen* hast. Das ist aber gar nicht so einfach. Denn in vielen Kliniken herrscht nachts strikte Schnarchpflicht. Zumindest was deine Zimmernachbarn angeht. Es ist immer wieder erstaunlich, dass ausgerechnet die Leute, mit denen du das Zimmer teilst, so zuverlässige und laute Schnarcher sind. Bekommen die vielleicht heimlich irgendwelche Vergünstigungen, wenn sie nachts das Geräusch einer Kettensäge imitieren?

Beim Wecken kannst du schon in etwa absehen, was an Unannehmlichkeiten oder selbstloser Hilfe auf dich zukommt. Die Schwestern und Pfleger haben ganz unterschiedliche Temperamente. Und die zeigen sich eben schon beim Weckruf. Manche sind behutsam, lassen dich eher in Ruhe. Andere versuchen dich möglichst in Bewegung zu halten. Weil das ja den Heilungsprozess enorm beschleunigt, wenn man sich dauernd bewegt. Und nicht einfach so regungslos daliegt. Dazu hast du später im Sarg ja noch ausreichend Gelegenheit. Als ich mir mal ein Bein gebrochen hatte, pflegte die Stationsschwester die Medikamente so auf das Beistelltischchen zu legen, dass ich nicht so ohne Weiteres herankam. Ich musste vorsichtig an die Bettkante robben, geschickt das Gewicht verlagern, um mit maximal ausgestreckter Hand an die Tabletten zu gelangen. Dieses Prinzip hat sich übrigens auch bei Zootieren bestens bewährt. Affen, die sich ihr Futter durch kleine Kunststückchen erst verdienen müssen, sind gesünder, klüger und leben auch länger.

Und doch: Wenn du im Krankenhaus liegst, dann ist deine Beweglichkeit in aller Regel stark eingeschränkt. Ob du aufs Klo willst oder wieder runter, ob du dich waschen willst oder einfach nur Alarm schlagen, du kommst nicht ohne fremde Hilfe aus. Und diese fremde Hilfe sind eben die diensthabenden Schwestern und Pfleger, die du mit einem Signalknopf an dein Bett holen kannst.

Das Problem bei dem Signalknopf ist nur, dass ihn gerne alle Patienten gleichzeitig drücken. Dann muss die Schwester entscheiden, zu wem sie als Erstes geht. Und wenn sie mit dem fertig ist, wer als Nächster dran ist. Nicht immer eine ganz leichte Aufgabe, weil manche Patienten den Rufknopf als eine Art »Hotbutton« wie im Fernsehquiz betrachten, den man möglichst früh, möglichst oft drücken muss, um den Hauptgewinn nach Hause zu tragen. Nun, diesen Irrtum gewöhnen ihnen erfahrene Schwestern sehr schnell wieder ab.

Seine unangenehmste Seite zeigt der Signalknopf jedoch, wenn du selbst gerade behandelt wirst. Wenn du wieder mal die Hosen runterlassen musst, weil du jetzt eine Spritze bekommen sollst oder deine Operationsnarbe kontrolliert werden muss. Vielleicht stehst du sogar am Bettrand, hast dich mühsam aufgerichtet und wartest auf Einstich, Pflaster oder Kontrollblicke. In solchen Augenblicken passiert es immer wieder, dass irgendein anderer Patient den »Hotbutton« betätigt, deine Schwester davonstürzt und dich mit deinem nackten Hintern alleine lässt. Du kommst ins Grübeln: Dauert das wohl länger? Sollst du dich wieder anziehen? Wieder ins Bett zurückkriechen? Um dann wieder rausgescheucht zu werden? Oder sollst du warten? Und wenn du wartest, wie lange wartest du? Mit jeder Minute, die jetzt vergeht, fühlst du dich erbärmlicher. Hätte die Schwester nicht *erst* dich fertig machen können? Hätte sie schon. Hat sie aber nicht. So ist das eben hier, im Krankenhaus. Irgendwann wirst du den Signalknopf betätigen. Und dann wird vielleicht irgendeine Schwester herbeieilen, die in einem der anderen Krankenzimmer einen nackten Patienten auf einem Bein stehen lassen kann.

44

SCHLIMME SPRITZEN

Eine Spritze zu bekommen, gehört nicht zu den angenehmsten Erfahrungen. Dabei soll dir die Spritze das Leben doch leichter machen oder Schlimmes verhindern. Im Krankenhaus bekommst du nach einer Operation mindestens eine Spritze pro Tag. Damit deine Adern nicht verstopfen, was hier niemand gebrauchen kann. Denn danach bist du tot.

Aber Spritzen sehen einfach furchtbar aus. Diese Nadel, die sich tief und gnadenlos in deine Haut bohrt, um dir irgendeine Flüssigkeit in die Blutbahn zu spucken. Das erinnert mich zu sehr an das, was Wespen tun, um einfach gelassen zu bleiben. Ehrlich gesagt gucke ich immer woandershin und lasse mich von dem Pikser überraschen, der ja nur dann richtig wehtut, wenn ein echter Stümper zusticht.

Leider passiert das aber immer wieder. Gerade bei Spritzen in die Bauchdecke, die ohnehin nicht zu meinen Lieblingsanwendungen in der Klinik gehören. Zumal sie manchmal dunkle kleine Punkte hinterlassen, die nach einer unheilbaren Tropenkrankheit aussehen, wenn man genug davon gesammelt hat und zu Hause der Familie vorzeigt. Manche Angehörigen des Pflegepersonals stechen denn auch lieber in den Oberschenkel, in die Arme oder wo sonst noch an deinem Körper eine Stelle frei ist, die noch nicht verwundet ist.

Spritzen sind dann am wenigsten schlimm, wenn sie zügig und fast ein wenig beiläufig verabreicht werden. Profischwestern reden bei solchen Gelegenheiten vom Wetter oder von deiner wunderbar verheilten Operationsnarbe. Oder sie fragen dich, ob du heute schon »Stuhl gehabt« hast. Eine Frage, die deine Aufmerksamkeit weit von der Einstichstelle weglenkt. Das heißt andererseits: Es wird besonders quälend, wenn die Prozedur in die Länge gezogen wird

und die Schwester mit gezückter Nadel nach einer Vene sucht. Und keine findet. Obwohl sie auf dir herumklopft wie auf einem hohlen Baumstamm. »Na, Sie haben aber komische Adern«, hat eine Schwester bei so einer Gelegenheit mal zu mir bemerkt. So als wäre *ich* der Komische von uns beiden.

Nur auf den ersten Blick erfreulicher sind die Betäubungsspritzen. Die bekommst du ja vor allem beim Zahnarzt verabreicht, damit er in aller Ruhe bohren kann. Zum Beispiel. Manche Patienten haben sich mittlerweile so sehr an ihre segensreiche Wirkung gewöhnt, dass sie schon um eine Betäubungsspritze bitten, wenn sie nur den Mund aufmachen.

Doch haben auch Betäubungsspritzen ihre Tücken. Nicht nur dass man immer so rumsabbert und nicht richtig sprechen kann, wenn man vom Zahnarzt kommt. Viel schlimmer ist ja: Wenn du die Spritzen am dringendsten brauchst, dann lassen sie dich im Stich. Mir musste mal ein dicker Backenzahn gezogen werden. Der hatte sich entzündet und war nicht mehr zu retten. Ich dachte: Schade, aber nach ein wenig Betäubungsspritzen-Akupunktur lässt sich das schon aushalten. Nun, das war eben falsch gedacht. Denn wenn du eine Entzündung hast, wirkt die Betäubungsspritze *gar nicht*. Und so hatte ich Gelegenheit, einmal richtig intensiv mitzuerleben, was einem alles so an höllischen Schmerzen entgeht, wenn einem der Zahnarzt so einen dicken Backenzahn aus dem Kiefer dreht. Und so sind die schlimmsten Spritzen immer noch die, die dich daran erinnern, wie es ist, wenn du auf sie verzichten musst.

45

ACHTSAME WELLNESS-MENSCHEN

Wir drehen doch alle am Rad, sind völlig fertig, fahren nur noch auf Reservetank durchs Leben. Bei mir ist das jedenfalls so. Und ich müsste mich schon sehr täuschen, wenn das ausgerechnet bei dir anders sein sollte.

Da ist es eigentlich eine gute Idee, mal die Füße hochzulegen, die verspannten Schultern zu lockern und so ein bisschen vor sich hin zu dämmern. Auch gegen einen gelegentlichen Besuch der Sauna, eine Massage oder ein frisches Schlammbad ist nicht das Geringste einzuwenden. Ja, sogar das ganze Gedöns mit heißen Steinen, ätherischen Ölen und Klangschalen kann man sich mal geben.

Also, gar keine üble Sache, diese Wellness. Wenn nur diese öden Wellness-Menschen nicht wären, denen du in den »Wellness-Bereichen« oder auch »Wellness-Oasen« begegnest. Du erkennst diese ausgebufften Wohlfühlprofis daran, dass sie sich hier in ihren buddhistischen Mönchsschlappen mit schlafwandlerischer Sicherheit bewegen, während alle anderen falsch gekleidet sind, nämlich in Badeklamotten, und ziemlich unbeholfen herumtappen. Was die achtsamen Wellness-Menschen in ihrem ganzheitlichen Erleben doch empfindlich stört.

Dabei sind sie es eigentlich, die uns mit ihrem albernen Getue auf die Nerven gehen. Sie können nicht einfach entspannen, die Ruhe genießen und einen Nachmittag gepflegt rumgammeln. So wie wir. Nein, sie müssen eine Heilslehre daraus machen, mit altindischen Quelltexten, Biosiegel, Ernährungsplan, Kräutertee und stupider Musik. Erst wenn sie diesen ganzen Blödsinn zusammenhaben, können sie ganzheitlich gammeln und auf uns Schmalspur-Luschen herabsehen.

Es ist nämlich so: Wenn »Ganzheitlichkeit« ins Spiel kommt, dann ist Schluss mit lustig. Dann steht mal wieder unsere westliche Zivilisation auf dem Prüfstand, die eben nicht »ganzheitlich denkt«. Zumindest erzählen das diese achtsamen Wellness-Menschen. Wenn du mit ihnen ins Gespräch kommst, haut es dich um, wie borniert diese Typen sind. Aber was willst du schon erwarten von Leuten, die nicht mal im Ruhezustand fünfe gerade sein lassen können?

Bleibt noch die Achtsamkeit. Klingt ja erst mal ganz sympathisch, wenn jemand achtsam ist. Da stellen wir uns einen ruhigen aufmerksamen Mitmenschen vor. So einen, der nicht jeden oberflächlichen Mist nachplappert, sondern der unvoreingenommen die Dinge auf sich wirken lässt. Mit einem Wort, ein Mensch, der so ungefähr das Gegenteil von diesen achtsamen Wellness-Menschen darstellt, die sich in ihrer Voreingenommenheit schwer übertreffen lassen. Und die auf eines ganz besonders achtgeben: den eigenen Vorteil.

46

ERWACHSENE MÄNNER, DIE NACH
FRISCH GEWASCHENEN BABYS RIECHEN

Und jetzt müssen wir über Körperpflege reden. Es ist traurig, aber lässt sich nicht ändern: Der menschliche Körper stinkt. Gerade mal Babys schaffen es noch, halbwegs appetitlich zu duften. Alle anderen müssen ihren körpereigenen Geruch mehr oder weniger stark verbergen. Ihn jeden Morgen wegwaschen oder hinter einer Duftwolke aus Parfum verstecken. Und schon fängt es an, unangenehm zu werden. Denn es gibt Leute, die sich weit weniger waschen, als sie sollten. Und auch die Textilien, die sie am Körper tragen, wechseln sie nur ungern. Auf diese Weise führen sie den Schweiß vergangener Tage noch lange mit sich herum. Andere nehmen den Geruch der Tiere an, mit denen sie zusammenleben. Während sich Hunde und Katzen, Pferde und Kaninchen weigern, so zu stinken wie ihre menschlichen Halter.

Besonders stark irritieren einen aber die Leute, die einen Duft ausströmen, der gar nicht zu ihnen passt. Und damit meine ich nicht, dass Frauen zu Herrenparfums greifen oder Fettsäcke versuchen, mit einem sportlich frischen Duft zu punkten. Auch dass blasse Berufsanfänger ein vermeintliches Bonzenrasierwasser auflegen, geht völlig in Ordnung. Ich meine, dafür sind diese Produkte ja auch schließlich gedacht.

Was aber wirklich seltsam ist: Wenn Männer nach frisch gewaschenen Babys riechen. Man fragt sich sofort: Was steckt dahinter? Erst habe ich gedacht: Das wird wohl eine Verwechslung sein: Frisch gebackener Vater, der im Jungelternstress morgens zur falschen Flasche gegriffen hat. Bübchen Baby Wundschutzcreme statt Old Spice. Oder so. Aber mir begegnen in letzter Zeit immer mehr Männer, die duften wie ein rosiger Wonneproppen, der frisch vom Wickeltisch kommt. Ist das ein Trend? Geben jetzt die Jungs im Strampelanzug für die Großen die Duftnote vor? Und was wollen uns die Männer mit ihrem unschuldig sanftsüßlichen Aroma mitteilen? Dass sie im Grunde ihres Herzens niedliche kleine Racker sind? Dass sie weiter denn je davon entfernt sind, erwachsen zu werden? Oder riechen die so, um von anderen Männchen nicht angegriffen zu werden – eine Taktik, die sich im Tierreich bewährt hat?

Ich habe keine Ahnung. Eine Bekannte vermutet, dass Männer zur Babyserie wechseln, weil diese Produkte viel hautfreundlicher sind als die für die großen Jungs. Das kann gut sein. Wer nach Wickeltisch riecht, hat einfach nur eine empfindliche Haut. Und einen schlecht entwickelten Geruchssinn. Denn Gerüche wirken direkt aufs Gehirn und rufen unbewusst bestimmte Erinnerungen wach. Das machen sich die Männer mit der empfindlichen Haut bestimmt nicht klar. Dass bei ihnen die Leute als Erstes an Schnuller, Babyphon und Quietscheente denken müssen.

WAS IN DEINER NACHBARSCHAFT PASSIERT

Nachbarn gehen einem sehr oft auf die Nerven. Das liegt schon mal daran, dass es meist mehrere davon gibt. Und wir uns diese Leute nicht ausgesucht haben. Als wir hierhergezogen sind, waren einige von denen schon da. Die anderen sind nach uns hierhergezogen, ohne dass wir das hätten verhindern können.

Unter diesen ganzen Nachbarn ist garantiert einer, den du nicht leiden kannst. Ja, vielleicht ist er dir regelrecht zuwider. Sodass du es kaum erträgst, ihn vor Augen zu sehen. Gibt ja solche Leute. Die siehst du und weißt todsicher: Wir werden in diesem Leben keine Freunde. Vielleicht ist es aber auch andersrum: Du bist der friedlichste Mensch der Welt. Und der andere fängt genau aus diesem Grund an, dich zu hassen. Das kannst du einfach nicht ändern. Wir müssen die Dinge ja nicht schönreden. In *diesem* Buch nicht.

Das Vernünftigste, was man da machen kann: Man geht sich aus dem Weg. Aber bei unseren Nachbarn sind wir so was von überhaupt nicht vernünftig. Dass man sich schon fragt: Wie kommt das eigentlich? Ich meine, es gibt jede Menge kaputte Typen da draußen, ohne dass es dich groß aufregt. Manchen von denen gibst du bei der nächsten Wahl sogar deine Stimme. Warum sind wir da nicht ein bisschen entspannter, was unsere Nachbarn angeht?

Ganz einfach: Weil sie uns immer wieder über den Weg laufen. Und wir sie hören können. Ihre abscheuliche Musik. Ihre Lache. Ihre Gäste. Ihren Rasenmäher. Und ihre Hunde, die sie in ihrer Wohnung eingesperrt lassen und die sich aus lauter Verzweiflung und Einsamkeit stundenlang das Hirn rausbellen. Und wir können sie riechen: das Essen, das sie kochen. Oder schlimmer noch: das Fleisch, das sie auf ihren Grill legen. Aber es hilft ja nichts: Irgendwie müssen wir mit ihnen auskommen. Und genau das ist der Grund, warum wir uns über unsere Nachbarn immer wieder aufregen können. Immer wieder über dieselben Dinge, die sich niemals ändern.

47

NACHBARN MIT GRILL

Also, so ein krosses Rindersteak vom Grill, das ist schon was Feines, finde ich. Wenn es außen scharf angebraten ist und innen noch rosarot und saftig. Und dazu eine Aioli-Zitronen-Sauce. Mmmmh, das ist lecker. Aber Nachbarn mit Grill, die sind die Hölle. Und wenn ich sage »Nachbarn mit Grill«, dann meine ich nicht Leute, die ab und zu mal grillen. So wie du und ich. Sondern Leute, die *ständig* grillen. Die man gar nicht anders antrifft als in unmittelbarer Nähe ihrer rauchenden Feuerstelle.

Irgendetwas bringt diese Leute dazu, *jede* Gelegenheit auszunutzen, den Grill aufzubauen, Holzkohle aufzulegen, Feuer zu entfachen und mit Hilfe von Grillgut möglichst viel, möglichst übelriechenden schwarzen Rauch zu erzeugen. Rauch, den sie mit viel Geschick auf deine Terrasse oder deinen Balkon lenken. Vor allem, wenn du dort gerade frische Wäsche aufgehängt hast, lässt es sich gar nicht vermeiden, dass der Nachbar seiner Lieblingsbeschäftigung nachgeht – und grillt.

Warum machen die das bloß? Ich weiß es nicht. Spaß kann es nicht sein. Dazu grillen sie *viel zu oft*. Ja, geradezu zwanghaft. Andere Leute denken vielleicht darüber nach: Was fangen wir denn heute an diesem schönen Tag an? Welche der *tausend* Möglichkeiten lassen wir heute Wirklichkeit werden? Machen wir einen Ausflug? Besuchen wir Freunde? Gehen wir aus, mal wieder ins Kino oder was Feines essen? Nachbarn mit Grill haben in solchen Situationen nur einen Gedanken: Wann können wir den Grill anwerfen?

Dabei müssen wir unterscheiden: »Grill anwerfen« heißt noch nicht grillen. Wer »schon mal den Grill anwirft«, der macht das, um später umso entspannter grillen zu können. Weil sich dann nämlich im Grill eine Art ewiges Feuer gebildet hat, das nicht mehr so leicht ausgeht. Zwischen dem »Anwerfen« und dem eigentlichen Grillen kann viel Zeit vergehen. Meist sitzt dann dein Nachbar beim Feuer, rührt kennerhaft in der Glut herum, legt dann und wann Holzkohle nach und starrt stumpfsinnig in die Flammen. Während die Nachbarin in der Küche das Grillgut mariniert, Saucen, Salate und Dips bereitet.

Bis die Gäste kommen. Komischerweise haben Nachbarn mit Grill sehr oft Gäste, was einerseits den Lärmpegel, andererseits die Menge des Grillguts in unangenehme Höhen treibt. Denn für Gäste grillt man ja gerne einige Fleischteile mit, die dann später niemand anrührt. Die sollen eher dafür sorgen, dass dein Nachbar irgendwann den unvermeidlichen Grillspruch in die Runde ruft: »Wer will noch? Es ist noch *ausreichend* da!« Den wiederholt er so lange, bis er nur noch auf abwehrendes Japsen stößt: »Oh danke, es ist köstlich. Aber ich kann nicht mehr!« Auch bringen einige Gäste selbst noch Grillgut mit, das sie den Gastgebern aufnötigen. Und so landet ein Gutteil vom Fleisch erst auf dem Grill und dann im Müll. Zwei Orte, die man im Verlaufe so einer Grillparty sowieso immer schwerer auseinanderhalten kann.

Man fragt sich allerdings schon, wieso die Nachbarn mit Grill so oft Gäste haben. Wo sie doch solche Hohlbirnen sind. Ich meine, worüber willst du mit so einem Nachbarn mit Grill denn reden – außer über Fleisch, Feuer und Folienkartoffeln? Da grillt man doch lieber daheim und lädt ein paar nette Menschen ein, die über den Rand ihres Grilltellers hinausschauen, oder? Aber vielleicht sind ihre Gäste ja auch solche Hohlbirnen. Grillfanatiker, die allerdings bei sich zu Hause Grillverbot haben. Weil nämlich in *ihrer* Nachbarschaft Menschen leben, die nicht so friedliebend, geduldig und tolerant sind wie du. Sondern die jedes Mal, wenn sie auch nur ihren Kugelgrill auf die Terrasse schieben, die Polizei rufen. Womit wir schon beim nächsten Aufreger wären.

48

NACHBARN, DIE BEI JEDER GELEGENHEIT DIE POLIZEI RUFEN

Es gibt sie noch, die bösen alten Nachbarn. Die sofort zum Telefon greifen, um die Polizei zu verständigen, wenn etwas nicht mit rechten Dingen zugeht. Und zwar bei dir, in deinen vier Wänden, auf deinem Grundstück. Polizei anrufen, das ist das Hobby dieser Leute. Sonst ruft man dort ja eher an, wenn man in Not ist, Unannehmlichkeiten zu befürchten sind, man dringend Hilfe braucht. Diese Leute nicht. Sie *können* es gar nicht *erwarten*, bei der Polizei anzurufen. Das verschafft ihnen ein ähnliches Glücksgefühl wie dem Golfspieler, der seinen kleinen weißen Ball einlocht. Nur wollen sie nicht einen kleinen weißen Ball einlochen, sondern dich.

Gibst du eine Party, dann stehen sie um 21.59 Uhr bereit und haben ihre Uhr fest im Blick, die immer die genaue Zeit anzeigt. Springt die Anzeige auf 22 Uhr und es dringt noch ein Laut an ihr Ohr, dann ist der Anruf bei der Polizei fällig. Wegen »nächtlicher Ruhestörung«. Dabei sind sie es doch, die stören. Andauernd stören, nicht nur nachts. Und zwar die Polizei.

Falschparker werden ebenso notiert und gemeldet wie Bäume, die zu viele Blätter abwerfen oder den vorgeschriebenen Abstand zum Zaun nicht einhalten, Kinder, die während der Mittagsruhe spielen und dabei nicht das Schweigegebot beachten, Hunde, die nicht während der dafür vorgesehenen Zeiten bellen, Bürgersteige, die nicht ausreichend gefegt oder vom Schnee geräumt sind. Wenn du nicht gestreut hast, wird das ebenso zur Anzeige gebracht, wie wenn du gestreut hast. Denn Streusalz schädigt die Bäume und bringt sie um.

In Mehrfamilienhäusern finden diese Nachbarn noch mehr Anlässe, ihre Lieblingsnummer zu wählen. Stellen da Leute ihren Kinderwagen im Hausflur ab? Halten sich da welche länger im Treppenhaus auf und führen dort Gespräche? Nimmt da jemand in der Wohnung über ihnen ein nächtliches Bad? Da kann nur die Polizei helfen.

Und wenn es gar keinen Anlass gibt, die Polizei zu rufen, so macht das auch nichts. Dann rufen sie trotzdem die Polizei, weil ihnen irgendetwas »so komisch« vorgekommen ist. Seltsame Besucher. Leute, die ihnen begegnen und gleich weggucken. Bestimmt weil sie irgendetwas auf dem Kerbholz haben. Nicht zu vergessen der Klassiker: verdächtige Fahrzeuge mit »auswärtigem Kennzeichen«. Da wird sicher ein islamistischer Terroranschlag vorbereitet. So unauffällig, wie die hier parken.

Bei der Polizei sind diese engagierten Bürger keineswegs so geschätzt, wie sie selbst meinen. Aber egal, wenn deine bösen alten Nachbarn dich anzeigen wollen, dann muss sich die Polizei um die Sache kümmern. Ich meine, für solche Sachen werden die ja ausgebildet und von unseren Steuergeldern bezahlt. Das finden zumindest die bösen alten Nachbarn.

Und wenn die Polizei nicht hilft, dann sollen andere helfen. Im Mehrfamilienhaus wenden sich die bösen alten Nachbarn gerne an die Hausverwaltung. Der schreiben sie einen Drohbrief mit vielen Ausrufezeichen, kündigen »rechtliche Schritte« an, wenn die Hausverwaltung nicht einschreitet. Oder sie tun sich mit anderen bösen Nachbarn zusammen, schreiben an die Lokalzeitung, solche Sachen.

In ihren Tagträumen sehen sie dein Haus mit rotem Absperrband markiert. Auf den umliegenden Dächern haben sich Scharfschützen postiert. Ein Mann von der Hausverwaltung steht neben dem Einsatzleiter der Polizei. Der reicht ihm ein Megaphon. Und der Hausverwalter spricht: »Frau Koslowski, wir wissen, dass Sie da drin sind! Das Haus ist umstellt. Bitte nehmen Sie jetzt Vernunft an und schaffen Sie Ihren Kinderwagen aus dem Hausflur. Ist der in zehn Sekunden nicht draußen, dann stürmen wir!«

Im richtigen Leben geben sie sich damit zufrieden, die Leute zu verklagen. Das kostet natürlich Geld. Viel Geld. Aber das ist es ihnen wert. Solange sie solche Sätze sagen können wie: »Sie hören von meinem Anwalt.« Oder: »Dann sehen wir uns vor Gericht wieder.« Da gehen sie fast immer baden, was sie noch mehr verbittert. Aber manchmal, da schaut ein Amtsrichter vielleicht auf den Kalender und murmelt: »Oh, heute ist der dritte Dienstag im Monat. Querulantentag. Na, dann gebe ich diesem Rentnerehepaar mal recht. Muss ich mir nur noch eine originelle Begründung ausdenken.« Das sind eben die bösen kleinen Überraschungen, die das Leben für uns bereithält.

LEUTE, DIE ALLES MÖGLICHE IN DIE PAPIERTONNE STOPFEN, NUR KEIN PAPIER

Damit wir uns richtig verstehen: Mülltrennung ist ein Thema, das ich eher entspannt sehe. Ob der Teebeutel in der Biotonne landet oder im Restmüll, das ist mir ziemlich schnurz. Auch den Joghurtbecher spüle ich nicht ab, ehe er zum dafür vorgesehenen Wertstoffcontainer getragen wird. Ehrlich gesagt ist das gar nicht so sicher, ob er überhaupt dorthin getragen wird. Kann sein, kann nicht sein, der weitere Verbleib des Joghurtbechers gehört nicht zu den vielen Dingen, die mir ernsthaft Sorgen machen. Am Ende kippen sie den ganzen Mist ohnehin wieder zusammen. Und was gefährlich ist, das liefern sie in die Dritte Welt. So ist das. Schlimm, aber in den nächsten fünf Minuten nicht zu ändern. Neues Thema bitte.

Auf der anderen Seite denke ich mir: *Wenn* da nun schon eine Papiertonne herumsteht, dann ist es keine schlechte Idee, da auch Papier reinzutun. Dann machen die Recyclingpapier daraus, und es müssen nicht mehr so viele Bäume gefällt werden. Was doch wirklich eine gute Sache ist, oder?

Es ist nun so: Da, wo ich arbeite, gibt es viele Büros. In Büros wird ständig Papier weggeschmissen. Weil dauernd jemand etwas ausdrucken muss, das nach zwei Sekunden nicht mehr benötigt wird. Weil man es ja sowieso – wenn man es doch wieder mal braucht – ein weiteres Mal *ausdrucken* könnte. Also sammelt sich in jedem Büro eine Menge Papier an, das nur darauf wartet, in den großen Kreislauf des Papiers wieder aufgenommen zu werden. Es müsste nur jemand kommen, das Papier nehmen und in eine der Papiertonnen werfen. Die zu keinem anderen Zweck im Hof aufgestellt sind. Um die Aufgabe zusätzlich zu erleichtern, steht auf jeder der blauen Papiertonnen noch einmal das Wort zu lesen: Papiertonne.

Und doch gelingt es fast nie, die Papiertonne mit Papier zu befüllen. Obwohl Papier im Überfluss vorhanden ist. Obwohl in den Büros lauter Leute sitzen, die bereit sind, die Unmengen von Papier aus ihrem Büro in die Papiertonne zu werfen. Es klappt einfach nicht. Denn es ist wie so oft im Leben: Die Idioten sind wieder mal schneller.

Du musst dir das so vorstellen: Ungefähr alle zwei Wochen werden die Papiertonnen geleert. Weil es hier so viel Büros gibt, sind die Tonnen jedes Mal überfüllt. Du bekommst nicht einmal mehr ein einzelnes Blatt hinein. Doch kaum hat die Müllabfuhr ihr Werk getan, sind die Papiertonnen *leer*! Die Leute in den Büros werden von einem Glückstaumel überwältigt. Endlich werden wir unser Altpapier los. Jetzt heißt es, die Chance zu nutzen und das Papier, diesen wertvollen Rohstoff, mit dem wir jeden Tag umgehen, seiner Wiederverwertung zuzuführen.

Meist dauert es ein wenig, ehe der Glückstaumel abebbt und man zum Handeln kommt. Und wenn wir zwei Tage später die Mittagspause nutzen wollen, die Stapel von Altpapier in die Tonne zu füllen, stehen wir vor einem Behälter, der bereits gut gefüllt ist. Aber eben *nicht* mit Papier. Sondern zum Beispiel mit riesigen Pappkartons. Du sagst jetzt vielleicht: Pappkartons oder Papier, das macht doch keinen Unterschied. Oh doch, und was für einen. Diese Pappkartons sind nämlich kaum wiederzuverwerten. Weil da nämlich Metall dran ist und Kunststoff und weiß der Teufel was. Das Schlimmste ist aber, dass diese minderwertigen Pappkartons die gesamte Papiertonne ausfüllen. Die Schwachköpfe, die sie hineingetan haben, haben sie nämlich so gefaltet, dass sie möglichst viel Platz wegnehmen und sich riesige Hohlräume bilden. Die Folge: Für unser hochwertiges Papier ist kein Platz mehr. Es sei denn, du räumst die Papiertonne komplett aus. Und dann neu ein. Manche machen das, ich nicht. Irgendwann reicht es.

Dabei sind die Leute mit der Pappe noch wahre Recycling-Profis im Vergleich zu denen, die Holz in die Papiertonne füllen, Nahrungsreste oder Plastiktüten. Machen die das mit Absicht? Aus Doofheit? Oder weil sie in einer Welt leben, in der ohnehin alles in Plastik verpackt ist, sodass die Plastiktüten für sie gar nicht mehr zählen – so wie für uns Luft? Solche Leute werfen wahrscheinlich auch Batterien in die Biotonne, wenn sie die aus einem Spielzeug-wauwau rausgeholt haben. Weil sie meinen: Hund ist schließlich auch irgendwie Natur. Was mich aber am meisten ärgert: dass diese Leute es jedes Mal schaffen, dass ich mich über diesen Mülltren-nungsscheiß überhaupt aufrege. In solchen Situationen kann ich mich selbst nicht ausstehen. Denn eigentlich bin ich bei diesem Thema vollkommen entspannt.

50

NACHBARN MIT LAUBBLÄSER

Früher sind sich die Nachbarn auf die Nerven gegangen, weil der eine seinen Rasen mähte, während der andere im Garten ausspannen wollte. Und dazu braucht man Ruhe und keinen Rasenmäher, der Lärm macht. Deshalb hat sich der Ruhe-Nachbar irgendetwas einfallen lassen, was den Rasenmäher-Nachbarn mindestens genauso geärgert hat. Denn *reden* kannst du ja mit solchen Leuten nicht, die ständig ihren Rasen mähen. Und so haben die Ruhe-Nachbarn in ihrem Garten laute Musik gehört, wenn der Rasenmäher-Nachbar einmal nicht den Rasen gemäht hat, sondern seinerseits Ruhe haben wollte. Oder der Ruhe-Nachbar hat am Zaun zum Rasenmäher-Nachbarn fiese wilde Pflanzen wachsen lassen, mit langen Wurzeln oder aggressiven Flugsamen, die auf das Grundstück vom Rasenmäher-Nachbarn geweht sind, um auf dem schönen, frisch gemähten Rasen Wurzeln zu schlagen und dort Pflanzen sprießen zu lassen, die der Rasenmäher-Nachbar mühsam wieder ausreißen musste. Was der Rasenmäher-Nachbar auf seine Weise beantwortete: mit verstärktem Rasenmähen.

Das waren nicht immer schöne und schon gar keine friedlichen Zeiten. Doch herrschte immerhin eine Art Gleichgewicht des Schreckens zu beiden Seiten des Gartenzauns. Damit ist es nun vorbei. Denn es gibt eine Höllenmaschine, vor der du nur kapitulieren kannst. Ganz richtig, ich spreche vom sogenannten Laubbläser. Wenn sich dein Nachbar den zulegt, dann hast du verloren. Gegen einen Laubbläser kommst du nicht an. Da kannst du noch so viel Löwenzahn und Ackerwinde in deinem Garten pflanzen. Oder nervtötende Popmusik aufdrehen. Dein Nachbar mit dem Laubbläser sitzt immer am längeren Hebel.

Ein Laubbläser macht Lärm. Viel Lärm. Lärm, der nicht auszuhalten ist. Ein Rasenmäher produziert im Vergleich dazu nur Hintergrundgeräusche. Der entscheidende Unterschied ist aber: Ein Rasenmäher mäht immerhin den Rasen. Wenn du selber einen Rasen hast, dann weißt du: Dann und wann muss so ein Rasen gemäht werden. Aber Laub? Seit wann muss Laub geblasen werden? Es ist eine völlig sinnlose Tätigkeit. Angeblich kehrt man mit so einem Laubbläser die Blätter zusammen, die auf dem Boden herumliegen. Glaub mir, das ist nur eine vorgeschobene Begründung. Diese Burschen wollen nur anständig Radau in ihrem Garten machen. Die könnten sich genauso gut eine Heavy-Metal-Band in den Garten holen, um das Laub zusammenzusammeln.

Es ist nämlich so: Laubblasen kannst du so lange, wie es dir Spaß macht. Nicht so wie Rasenmähen, wo das Gelände die Zeit vorgibt. Ja, du kannst sogar *ausrechnen*, wie lange jemand braucht, um ein bestimmtes Rasenstück abzumähen. Ganz anders beim Laubblasen. Da versagt die Mathematik. Hast du schon einen Haufen zusammengepustet, richtest du einmal kurz deinen Laubbläser mitten rein und – hui! Da gibt es noch jede Menge zu tun.

Als Nachbar kannst du nichts dagegensetzen. Friedensappelle, Bittschriften, Lärmschutzabkommen, kannst du alles vergessen. So ein Nachbar kauft sich seinen Laubbläser ja nicht ohne Grund. Er will den Terror, den größtmöglichen Krach, das Laubbläsermassaker!

Am besten lässt du gar nicht erkennen, wie stark du leidest. Kaufst dir ein paar schöne Kopfhörer, legst dich zum Sonnen auf die Terrasse und hoffst einfach darauf, dass dieses Riesenbaby im Nachbarhaus irgendwann den Spaß an seinem Krawallspielzeug verliert.

51

NERVTÖTENDE HUNDEBESITZER

Hast du gewusst, dass Hunde in Intelligenztests um Längen besser abschneiden als Menschenaffen? Obwohl sie ein viel kleineres Gehirn haben? Das liegt einfach daran, dass sich Hunde im Laufe ihrer Evolution perfekt an den Menschen angepasst haben. Wenn so ein Wissenschaftler mit einem Intelligenztest daherkommt, dann begreifen Hunde sehr schnell, wie da der Hase läuft. Manche lösen richtig knifflige Aufgaben, während die Menschenaffen die Forscher irgendwann mit Kot beworfen haben, was natürlich mächtig Punktabzug gab. Was ich sagen will: Hunde sind ziemlich kluge Tiere, wenn man sie lässt. Aber genau an dieser Stelle hakt es bei vielen Hundehaltern. Sie sind zu doof für ihren Hund. Oder zu träge, zu schwach, zu rechthaberisch, zu bösartig, zu arrogant, zu katzenfreundlich, zu Nazi, zu Yoga, zu Hüfthose, zu Hunde-flüsterer, zu Smartphone.

Ja, es laufen einem immer wieder Leute über den Weg, bei denen weiß man nicht: Steuern die ihren Hund gerade mit dem Smart-phone? Denn sie starren die ganze Zeit auf das Display ihres kleinen klugen Begleiters aus Kunststoff, während ihr anderer Begleiter (der aus Fell und Fleisch) durch den Park watzt, kleinere Hunde beißt, ungeschützten Geschlechtsverkehr hat oder auf den Spielplatz kackt. Das machen andere Hunde natürlich auch. Doch zeigen andere Hun-debesitzer wenigstens ein gewisses Interesse daran. Oder versuchen sogar das Schlimmste zu verhindern, indem sie ständig den Namen des Köters brüllen. Was irgendwann dazu führt, dass der irgendwann entnervt aufgibt. Der Hundehalter mit dem Smartphone hält sich aus solchen Verwicklungen lieber raus. Zumal er gerade in kritischen Si-tuationen nachschauen muss, was seine Facebook-Freunde gepostet haben. Vielleicht twittert er auch in diesem Moment: *Bin im Park.*

Herrliches Wetter. Das Leben ist schön. Den üblichen Müll, den Leute schreiben, die lieber nicht so genau hinschauen.

Nicht weniger nervtötend sind Besitzer, oder sagen wir gleich Besitzerinnen, von überbehüteten Hunden. Und wie das halt so geht, bekommen diese armen Kläffer immer besonders schnell eins aufs Dach. Da können Hunde fast so grausam sein wie kleine Kinder. Die ärgern ja auch besonders gern diejenigen Spielkameraden, von denen man denkt: Oh, Gott, oh, Gott, hoffentlich passiert denen nichts. Bei den Kindern hofft man immer vergebens. Bei den Hunden ist Frauchen immer dabei und beschützt ihr Tier. Du darfst ihm nicht zu nahe kommen. Schon gar nicht, wenn du einen Hund oder ein Kind dabeihast.

Auf den ersten Blick ganz ähnlich, aber doch irgendwie noch viel schlimmer sind diese Hundebesitzer, die sich irgendeinen superteuren Bilderbuchhund zugelegt haben, den sie ebenfalls verteidigen müssen. So eine Spezialzüchtung, bei der alle ausrufen sollen: »Ach, ist der süß!« Wer sich so einen Hund kauft, der macht sich in meinen Augen schon stark verdächtig. Ohne dass ich genau sagen könnte, worin dieser Verdacht besteht. Aber es geht schon so in Richtung »verlogenes Arschloch«. Weil ihrem knopfäugigen Wuscheltier alle niedlichen Eigenschaften angezüchtet wurden, sind alle anderen nützlichen Eigenschaften auf der Strecke geblieben. Diese Hunde sind steindumm. Beim Intelligenztest könnten die Affen gar nicht so viel Kot auf die Forscher werfen, um nicht vor diesen Niedlichkeitskreaturen zu landen. Was die Hundebesitzer aber erst so abstoßend macht, das ist ihre Arroganz. Ständig werden sie von ahnungslosen Leuten angesprochen, was denn das für ein »süßer Hund« sei. Und ständig tun sie so, als wäre das unsagbar peinlich. So als wäre ihr verblödeter Wauwau Mitglied des europäischen Hochadels. Nur weil sein Stammbaum ähnlich hochtrabend klingt (und teilweise die gleichen Mitglieder umfasst).

Und dann gibt es natürlich noch die richtig gefährlichen Hunde. Riesige Hunde mit schlechtem Charakter, vor denen du dich in Acht nehmen musst. Hunde, die plötzlich zuschnappen. Oder gleich richtig beißen, als wären sie ein Fußballer aus Uruguay. Hunde, die riesige Haufen hinterlassen, die man eigentlich nicht übersehen kann, in die du aber trotzdem hineintrittst. Diese Hunde ziehen gerne zierliche kleine Frauen hinter sich her, die mit ihnen schimpfen und gleichzeitig versuchen zu rauchen. Solchen Hunden gehst du besser aus dem Weg. Vor allem wenn du durch den Park joggst. Aber wer kommt schon auf solche Ideen? Womit wir schon beim nächsten Aufreger wären.

52

JOGGER MIT STIRNLAMPE

Jogger sind ja schon ziemlich furchtbare Leute. Mit ihrem Fitnesswahn machen sie uns alle verrückt. Man traut sich ja kaum noch in den Stadtpark. Schon gar nicht, wenn man einen sensiblen Hund hat. Der kommt gar nicht mehr zum Kacken, weil er all diese rennenden Stirnbandträger anbellen muss. Tja, das ist sein Instinkt. Sein Jagdinstinkt. Da kann man gar nichts machen. Außer vielleicht: langsamer laufen. Als Jogger. Als Hundebesitzer kannst du deinen Hund sowieso nicht aufhalten, wie wir gerade gesehen haben.

Wenn Jogger unterwegs sind, dann musst du als normaler Spaziergänger Platz machen. Die erwarten das einfach. Oder sie laufen um dich rum, was aber die Dinge eher noch verschlimmert. Denn so ein Jogger läuft immer so um dich rum, dass du dich erstens erschreckst und zweitens fast mit ihm zusammenkrachst. Zusätzlich kompliziert wird die Sache dadurch, dass viele Jogger »mit Musik« laufen, also irgendwelche schalldichten Kopfhörer im Ohr haben. Die bekommen also gar nicht mit, wenn du sie anblaffst, beschimpfst oder ihnen den guten Rat gibst, *diesen* Weg in Zukunft zu meiden, weil er dein persönlicher Spazierweg ist, auf dem du ungern gestört wirst.

Schon dass man sich dauernd überholen lassen muss. Du gehst in aller Ruhe eine Runde spazieren, und da läuft dreimal der gleiche Stirnbandträger an dir vorbei. Das macht doch keinen Spaß. Da denkt man doch gleich: Vielleicht schafft der auch in anderen Bereichen dreimal mehr als du. Heute muss ja immer alles schnell und noch schneller gehen. Und wer nicht mithalten kann, der wird ganz schnell verabschiedet. Die Krankheit unserer Zeit. Der Jogger im Park, der dich dreimal überholt, ruft sie wieder in Erinnerung.

Aber was ja noch viel schlimmer ist als so ein normaler Jogger im Park, das ist ein Jogger mit Stirnlampe. So einer läuft frühestens in der Dämmerung los, knipst seine bescheuerte Stirnlampe an und dreht seine Runden. Sei froh, wenn dir so einer nicht begegnet. Denn es gibt niemanden, der dir weniger ausweichen würde als ein Jogger mit Stirnlampe. Der läuft ja ganz bewusst in der Dunkelheit, weil da weniger Leute unterwegs sind. Wer aber noch unterwegs ist, der wird von einem Jogger mit Stirnlampe notfalls umgerannt. Außer es handelt sich um einen anderen Jogger mit Stirnlampe. Den versucht er zu überholen.

Wozu haben die überhaupt die Stirnlampe, fragt man sich, wenn die gar nicht auf andere achten? Die Antwort ist ganz einfach. Vielleicht kennst du die Geschichte von dem Wanderer, der sich tief im dunklen Wald verirrte. Wie war er erleichtert, als er auf einen Mann mit einer großen leuchtenden Laterne stieß. »Wie komme ich aus dem Wald wieder heraus?«, fragte der Wanderer. »Das weiß ich nicht«, erwiderte der Mann mit der Laterne. »Ich bin blind.« Der Wanderer stutzte: »Aber wieso hast du dann eine Laterne bei dir, wenn du nichts sehen kannst?« Der Blinde antwortete: »Die Laterne habe ich nicht bei mir, um zu sehen, sondern um gesehen zu werden.« Und so ist es eben auch bei den Joggern mit Stirnlampe. Du kannst von denen nicht erwarten, dass die dich sehen. Die wollen von dir nur gesehen werden, damit du ihnen Platz machst. Noch unangenehmer als ein Jogger mit Stirnlampe ist eigentlich nur noch – ein Fahrradfahrer mit Stirnlampe. Die sehen auch nichts. Und dass du sie sehen kannst, macht die Sache eher noch schlimmer.

53

STÄNDIG BELEGTE PARKPLÄTZE

Es ist ja schon gut. Ich weiß auch, dass die Parkplätze direkt vor dem Haus, in dem ich wohne, nicht *mir* gehören. Es kann sich *jeder* dort hinstellen, der Lust und Laune dazu hat. Wir leben in einem freien Land mit freier Parkplatzwahl. Aber es wäre doch schön, wenn jeder zumindest in der Nähe seiner eigenen vier Wände parken könnte. Ist das zu viel verlangt? Ich meine, *so* viele Leute *wohnen* hier doch gar nicht, wie hier parken.

Wenn die Parkplätze wenigstens von Leuten belegt wären, bei man denen sagen könnte: Okay, das geht schon in Ordnung, dass die hier parken. Das sind Leute wie du und ich: Nachbarn, Anwohner, die ihr Auto über Nacht abstellen, von mir aus auch: Leute, die hier arbeiten, oder Besucher, Gäste, die mit dem Auto angerückt sind statt mit dem öffentlichen Nahverkehr. Oder mit dem Taxi. Siehst du, da fängt es schon langsam an, kritisch zu werden. Aber wir wollen großzügig sein und sagen: Auch ihr dürft hier parken. Denn ihr seid ja schnell wieder weg. Darauf hoffen zumindest die Anwohner, die hier parken wollen. Und vielleicht auch eure Gastgeber.

Doch viele Leute, die hier ihr Auto abstellen, gehören zu einem ganz anderen Menschenschlag. Da gibt es einmal die Dauerparker. Die kann man eigentlich schon gar nicht mehr zu den Autofahrern rechnen. Denn dazu fehlt ihnen eine wichtige Eigenschaft: Sie *fahren* nämlich *nicht*. Ihr Auto lassen sie stehen und stehen und stehen. Vielleicht haben sie vor Jahren diesen Parkplatz entdeckt. Und dann wie die Siedler und Stadtgründer im Wilden Westen den Entschluss gefasst: »Hier bleiben wir. Einen besseren Platz für unser Auto finden wir nie wieder. Wir werden ihn bewahren und eines Tages unseren Enkeln übergeben.«

Andere sind von weither gekommen. Vielleicht haben sie in ihrem eigenen Viertel vergeblich nach einem Parkplatz gesucht, haben sich immer weiter und immer weiter von ihrem Zuhause entfernt. Aber dann haben sie hier bei uns noch einen gefunden. Einen freien Parkplatz. Und da haben sie ihn natürlich genommen. Verständlich. Trotzdem ein Unglück für die autofahrende Menschheit. Denn im Ergebnis führt das dazu, dass die bei uns parken und wir bei denen. Und wir immer erst noch den Bus oder die Straßenbahn nehmen müssen, um zu unserem Auto zu gelangen.

Deshalb sind kluge Verkehrsplaner auf die Idee gekommen, Parklizenzen zu vergeben. Parken dürfen dann nur noch die Leute, die dort wohnen oder arbeiten. *Und* eine Parklizenz beantragt haben. Und wenn du das jetzt für die Lösung des Problems hältst, dann lebst du wahrscheinlich auf dem Mond. Denn der Versuch, ein Problem zu lösen, macht es ja meist noch viel schlimmer. Und diese Grundregel gilt nirgendwo so sehr wie beim Parken.

Das Schlimme an den Parklizenzen ist, dass sie meist dort eingerichtet werden, wo du *nicht* wohnst. Und zwar aus gutem Grund nicht wohnst. Weil es da so teuer ist und man nie einen Parkplatz findet. Du wohnst nebendran und findest ab sofort *überhaupt* keinen Parkplatz mehr. Niemals. Völlig ausgeschlossen. Denn alle parken jetzt in deinem Viertel. Und ins Nachbarviertel ausweichen geht nicht, weil du ja dafür keine Parklizenz hast.

Wenn nun aber *doch* in deinem Viertel Parklizenzen ausgegeben werden, dann darfst du dich auch nicht sicher fühlen. Tust du aber doch, weil du denkst: Ich habe ja eine Parklizenz. Du *verlässt* dich darauf, dass du vor deiner Haustür schon einen Parkplatz findest. Und findest natürlich doch keinen. Von Zeit zu Zeit. Gerade wenn es darauf ankommt. Der Grund: Es gibt Leute, die parken einfach *ohne* Parklizenz. Außerdem bin ich mir gar nicht sicher, ob die nicht ein paar Hundert Lizenzen mehr ausgegeben haben, als hier Leute parken können. Weil doch immer ein paar Anwohner unterwegs sind und rumfahren. Genau: weil sie gerade einen Parkplatz suchen.

Und dann dürfen wir natürlich nicht die Leute vergessen, die ihr Auto so idiotisch hinstellen, dass sie gleich zwei bis drei Parkplätze besetzen. Oder die mit Anhänger parken, ihr Wohnmobil vor deiner Tür abstellen. Einen Reisebus. Einen Lieferwagen. Oder einen Container, in dem Bauschutt angehäuft wird und der die nächsten hundert Jahre hier stehen bleibt. In solchen Momenten denkst du ernsthaft darüber nach, dein Auto einfach abzuschaffen. Spart eine Menge Geld und noch mehr Ärger. Bis du feststellst, dass die anderen Arten der Fortbewegung genauso schlimm sind (siehe Teil IV: *Verkehr und Reisen auf Rädern*).

TEIL VII

FREUNDE UND
ANDERE MENSCHLICHE ENTTÄUSCHUNGEN

Mit Freunden, da hat man viel Spaß. Freunde sind für einen da, wenn man sie braucht. Und wenn man sie nicht braucht, dann sind sie erst recht da. Freunde geben einem Trost, Geld und gute Ratschläge. Gute Freunde gehören zu den wichtigsten Menschen im Leben. Das merkt man besonders, wenn man gerade keine hat. Dabei nimmt die Zahl der Freunde im Laufe des Lebens meist nicht zu, obwohl man immer mehr Leute kennt. Manche sagen auch: *weil* man immer mehr Leute kennt.

Über Freunde ärgern wir uns vor allem, weil wir *anderes* von ihnen erwarten. Wir glauben, sie mögen uns, sie interessieren sich für uns, sie verstehen uns. Wir denken, sie freuen sich für uns, wenn mal was klappt. Und wir sind dann enttäuscht, wenn sich zeigt: So ist es gar nicht. Ihre Zuneigung endet, wenn sie mal was für uns tun sollen. Ihr Interesse erlischt, wenn wir in Schwierigkeiten geraten. Und wenn uns etwas richtig gut gelingt, dann freuen sie sich nicht. Sondern drehen durch vor Neid.

Auf der anderen Seite fallen uns Freunde auf die Nerven, wenn sie ständig auf der Matte stehen. Wenn sie uns vereinnahmen, dies und jenes von uns wollen und uns einfach nicht in Ruhe lassen. Und wenn wir sie freundlich darauf aufmerksam machen, dann sind sie auch noch beleidigt. Nein, mit Freunden hat man nicht nur Spaß, sondern auch jede Menge Ärger. Sodass sich immer wieder die Frage stellt: Sind das überhaupt noch unsere Freunde?

54

FREUNDE, DIE SICH NIEMALS BEI DIR MELDEN

Freundschaften sollten ausgewogen sein. Sind sie aber selten. Manche Freunde melden sich ständig bei dir. Zumindest kommt es dir so vor. Denn du willst sie *so oft* eigentlich nicht sehen. Einmal im Monat / im Jahr / im Leben muss reichen.

Andere melden sich zuverlässig immer dann, wenn es nicht passt. Du hast was anderes vor oder du musst dich mal ausruhen. Aber absagen will man ja auch nicht immer. Sonst ist der andere gekränkt. Und es gehört doch zu einer Freundschaft dazu, dass man sich ab und zu mal sieht. Also sagst du zu. Obwohl du ja so was von überhaupt keine Lust dazu hast. Mach das ein paar Mal, und du kannst die Freundschaft knicken. Was dann auch wieder nicht schön ist. Denn wenn es mal nicht so gut läuft im Leben, kommt man doch gerne wieder auf seine alten Freunde zurück.

Allerdings ist es weit unangenehmer, wenn du derjenige bist, der sich bei bestimmten Freunden *immer* meldet. Und sie denken überhaupt nicht daran, auch mal *dich* anzurufen, einzuladen oder wenigstens zu fragen, ob du mal wieder Zeit hast. Nein, *du* musst immer den ersten Schritt machen. Du weißt jetzt gar nicht: Haben die kein Interesse an dir? Bist du ihnen lästig? Sind die nur zu höflich, um dir zu sagen, dass du ein schrecklicher Langweiler bist?

Wenn die Treffen öde sind, dann ist der Fall wenigstens klar. Dann lasst ihr eure Freundschaft einfach einschlafen. Auf so eine Freundschaft kannst du leicht verzichten. Doch wenn es schön war, du die Zeit genossen hast und denkst, wie schön, solche Freunde zu haben, dann hoffst du, dass *auch* mal der andere sich bei dir meldet. Muss ja nicht gleich sein. Aber …

Und dann wartest du und wartest und wartest … Und wartest vergeblich. So was macht einen fertig. Solche Freunde legen keinen

Wert auf dich, sie haben anderes, Wichtigeres, Besseres zu tun. Das ist deprimierend. Du fühlst dich so klein. Und dann greifst du doch wieder zum Telefon, um das nächste Treffen anzuleiern.

Hin und wieder kassierst du eine Absage. Aber damit muss man rechnen. So beschäftigt wie deine Freunde sind. Und du hast ja schließlich auch gut zu tun. Auch wenn du dich dauernd meldest. Dann also beim nächsten Mal. So in drei bis fünf Wochen / Monaten / Jahren. Dann klappt es ganz bestimmt.

Manchmal erlebst du dann doch noch eine Überraschung. Ein Anruf von einem dieser Freunde! Endlich! Du jubelst innerlich. Bist du für den anderen doch nicht der erbärmliche Idiot, wie du immer geglaubt hast. Nein, er macht sich die Mühe, zum Telefon zu greifen. Deine Nummer zu wählen. Wahrscheinlich hat er sie erst umständlich googeln oder nachschlagen müssen. Und dann das Risiko, dass du gar nicht da bist! Vielleicht hätte er sogar auf deinen Anrufbeantworter gesprochen. Aber jetzt bist du ja dran, am Telefon. Der gute, der beste Freund!!

Doch dann ist alles ganz anders: Der will was von dir, dein Freund. Du sollst ihm einen Gefallen tun. Helfen. Etwas leihen, etwas vorstrecken oder eine Telefonnummer rausrücken. Dafür hat man ja schließlich Freunde. Und wie steht es mit einem Treffen? Uh, diese Woche ganz schlecht. Aber in drei bis fünf Wochen / Monaten / Jahren klappt es ganz bestimmt. Lass uns einfach noch mal telefonieren. In solchen Momenten weißt du, dass du wirklich keine Feinde brauchst, um der unglücklichste Mensch der Welt zu sein.

55

FREUNDE, DIE NEIDISCH AUF DICH SIND

Endlich ist dir mal was gelungen. Du hast einen tollen Job bekommen, eine schwierige Prüfung bestanden oder ausnahmsweise mal richtig Glück in der Liebe. Und was machen deine Freunde? Deine guten Freunde? Freuen sie sich mit dir? Feiern sie dich? Lassen dich hochleben? Leider tun sie das viel zu selten. Stattdessen reagieren sie bestürzt, enttäuscht, tieftraurig. Und warum? Weil sie dich kennen, sich ständig mit dir vergleichen und fest überzeugt sind: Einen solchen Volltreffer hast du einfach nicht verdient. Sondern sie selbst.

Natürlich können sie dir das nicht ins Gesicht sagen. Sie wissen schon, dass so etwas unter Freunden nicht so gut ankommt. Also müssen sie so tun, als fänden sie das Ganze großartig. Und das ist überhaupt das Widerlichste an der Sache: Deine Freunde setzen ihr falschestes Lächeln auf und gratulieren dir zu deinem tollen Erfolg. Und wenn du genau hinhörst, dann merkst du, wie sie dabei leise mit den Backenzähnen knirschen.

Ist das nicht erbärmlich? Können die es nicht verkraften, dass du mal die Nase vorn hast? Wollen die, dass du unglücklich bist? So unglücklich wie sie selbst? Gibt ja so Leute. Mit denen kommst du prima klar, solange du mit ihnen darüber klagen kannst, wie schlecht alles läuft. Dass die Dummen und die Rücksichtslosen immer absahnen und die Guten und die Ehrlichen immer ins Hintertreffen geraten. Ganz klar, solche Freunde kannst du von Zeit zu Zeit gut gebrauchen. Wenn es nämlich nicht so gut läuft und man sich einfach nur gemeinsam auskotzen möchte. Das muss eben auch mal sein. Und da kannst du das Geschwätz deiner Erfolgsfreunde überhaupt nicht gebrauchen. Wenn du in solchen Zeiten überhaupt noch Erfolgsfreunde hast.

Aber wenn du mal Rückenwind hast, alles wie am Schnürchen klappt, dann kannst du doch wohl erwarten, dass deine Freunde das prima finden. Kannst du aber leider nicht. Und diejenigen, die sich ehrlich mit dir freuen, sind manchmal genauso schlimm. Sie freuen sich nämlich nur, weil sie *deinen* Erfolg zu *ihrem* gemacht haben.

Sie waren an deinem Erfolg beteiligt, sie haben dir geholfen. Ohne sie wäre das mal wieder nichts geworden. Bevor du in die Prüfung bist, haben sie dir die Tür aufgehalten und dir »viel Glück« gewünscht. Na also, ohne sie wärst du gar nicht in das Prüfungszimmer *reingekommen*. Und wenn du statt viel Glück viel Pech gehabt hättest, dann wärst du durchgerasselt. Solche Freunde klopfen dir auf die Schulter und meinen damit sich selbst.

Und dann gibt es noch diejenigen, die sich aufrichtig mit dir freuen, weil sie davon ausgehen: Für mich fällt eine dicke Scheibe von dem Erfolg ab. Egal, ob sie irgendetwas mit der Sache zu tun hatten oder nicht. Du wirst ihnen schon was zuschanzen, was sie glücklich macht. Denn, hey, immerhin seid ihr Freunde!

56

FREUNDE MIT IDIOTISCHEN HOBBYS

Viele Freundschaften entstehen durch Gemeinsamkeiten: gemeinsame Interessen, gemeinsame Schulzeit, gemeinsame Freunde. Aber das Schöne ist doch: Gute Freunde nehmen auch Anteil an dem, was dich sonst noch beschäftigt. Deine Sorgen, die nicht ihre Sorgen sind, die sie aber teilen. Deine Geschichten, die nicht ihre Geschichten sind, die sie aber gerne als ihre eigenen weitererzählen, wenn sie gut sind.

Umso sorgsamer muss man aufpassen, seine Freunde nicht mit Dingen zu behelligen, die sie nun überhaupt nicht interessieren. Und unter diesen uninteressanten Dingen ragen die Hobbys besonders weit heraus. Hobbys zeichnen sich ja gerade dadurch aus, dass sie sterbenslangweilig sind – für die, die sie nicht betreiben. Man muss etwas zu seinem Hobby *machen*, um es interessant zu finden. *Dann* aber wirkt plötzlich jeder Dreck faszinierend, solange er nur mit dem eigenen Hobby zu tun hat.

Manche Freunde vergessen das. Und zwar ganz besonders oft diejenigen mit den idiotischsten Hobbys. Da gibt es welche, die Flugzeuge basteln, Ozeandampfer oder den Eiffelturm – aus Streichhölzern oder Zahnstochern oder Büroklammern. Ich kann mir kaum eine schlimmere Methode vorstellen, seine Zeit zu verbringen. Doch, es gibt eine schlimmere: wenn du dir dieses Zeug anschauen und die Geschicklichkeit bewundern musst, mit der es gebaut wurde. Und genau das blüht dir, wenn du diese Freunde besuchst. Und es blüht dir jedes Mal.

Andere beschäftigen sich mit gesunder Ernährung. Das klingt erst mal ganz interessant. Aber warte mal zwei Minuten und du wirst feststellen: Leute mit dem Hobby »gesunde Ernährung« gehören zu den anstrengendsten Mitmenschen überhaupt. Und am

schlimmsten ist es, wenn sie dieses mit einem weiteren Höllenhobby kombinieren: dem Kochen. Da glaubst du auch erst mal: »Ah, interessant.« Bis du bei so einem Hobby-Bocuse eingeladen bist und zu jeder Berglinse einen schlauen Kommentar abgeben musst.

Und dann gibt es noch welche, die versuchen, dich für Baseball, Pferderennen oder Blitzschach zu begeistern. Und dann nehmen sie dich mit, zu irgendeiner Veranstaltung, auf der du tausend Tode der Langeweile stirbst. Und alle zwei Minuten gefragt wirst, wie du es findest. Erst antwortest du höflich. Du denkst: Machst du deinem Freund eine Freude. Der hat ja sonst nicht viel zu lachen im Leben. Als jemand, der Blitzschach als Hobby hat. Also reißt du dich zusammen und sagst: »Ich finde es ganz super hier.« Klarer Fall, dass du mit solchen Bemerkungen deine Lage dramatisch verschlimmerst. Dein Freund ist fest überzeugt, dass er dich für sein stumpfsinniges Hobby begeistern konnte, dass du Blut geleckt hast und ihn nun jedes Wochenende zu irgendwelchen Turnieren begleitest.

Das heißt: Früher oder später musst du mit der unangenehmen Wahrheit rausrücken: Dass dir sein Hobby aber so was von gestohlen bleiben kann. Das ist dann eine echte Belastungsprobe für eure Freundschaft. Denn viele reagieren tödlich beleidigt. Sie glauben, wir finden sie genauso langweilig wie ihr idiotisches Hobby. Was dann auch wieder nicht stimmt. So langweilig wie ihr Hobby kann ein einzelner Mensch gar nicht sein.

57

FACEBOOK-FREUNDE UND IHRE STATUS-MELDUNGEN

Niemand hat mich gezwungen. Ich habe mich freiwillig bei Facebook angemeldet. Aus geschäftlichen Gründen. »Wenn du nicht auf Facebook bist, kannst du einpacken«, hatte mir ein Bekannter gesagt, der sich mit solchen Sachen auskennt. Ich glaube, er verdient sogar Geld damit. Dabei äußert er sich gar nicht so positiv über diese sozialen Netzwerke: »98 Prozent von dem, was da stattfindet, ist Schrott. Aber auf die restlichen zwei Prozent, darauf kommt es an.« (siehe Nr. 60: *Freunde, die alles in Prozenten ausdrücken*) Ich addierte 98 und 2 und dachte: Der Mann hat 100-prozentig recht.

Also habe ich mich bei Facebook angemeldet. Erst einmal passierte nicht viel. Ich bekam ein paar undurchsichtige Freundschaftsanfragen aus den USA und Mexiko, das war alles. Diese Anfragen lehnte ich ab. Damals dachte ich noch, man müsste die Leute kennen, mit denen man auf Facebook befreundet ist. Nach einer Weile wollte ich mich wieder abmelden. Aber man kann sich bei Facebook ohne Anwalt gar nicht abmelden. Wahrscheinlich nicht mal, wenn man tot ist. Ja, vermutlich kann man es *gerade dann* nicht. Und man bleibt für immer mit seinen Urlaubsfotos und Lieblingsfilmen im Netz. Was seinen Schrecken verliert, wenn man nur lange genug darüber nachdenkt.

Irgendwann habe ich ein Bild von mir hochgeladen, mein Profil ausgefüllt und eine Freundschaftsanfrage verschickt, die prompt bestätigt wurde. Doch das war erst der Anfang. Heute bin mit vielen Menschen befreundet. Manche sind mir irgendwann zufällig über den Weg gelaufen. Und weil wir beide »auf Facebook« waren, haben wir uns einfach miteinander »vernetzt« und seitdem nichts mehr miteinander zu tun. Das sind meine engen Facebook-Freunde. Hinzu kommen die Leute, die mir noch nie begegnet sind, die aber sehr nett sind. Denn auch sie wollen mit mir befreundet sein. Wogegen ja wirklich nichts einzuwenden ist.

Es ist nämlich so: Je mehr Freunde jemand hat, umso interessanter wird es für andere, mit ihm befreundet zu sein. Denn man hält ihn für einen wichtigen und einflussreichen Menschen. Wenn man *den* für sich gewinnt, dann fällt auch ein wenig Glanz auf uns. Und wir werden selbst zu so einem wichtigen und einflussreichen Menschen, mit dem jeder befreundet sein will. Überleg mal: Wer 500 Freunde hat, der kann keine völlige Null sein. Und das ist doch schon mal was, heutzutage.

Unangenehm wird die Sache erst, wenn die Freunde anfangen, einem irgendwelche Mitteilungen zu schicken. Diese Botschaften heißen nicht ohne Grund »Statusmeldungen«. Denn letztlich geht es nur darum, den eigenen Status zu heben. Anzugeben wie eine Tüte Mücken. Auf dicke Hose zu machen. Zu prahlen, bis die Nähte platzen.

Kennst du einen Freiberufler persönlich, jammert er dir die Ohren voll, wie schwierig alles ist. Dass die Zeiten härter werden, die Leute keinen Wert mehr auf Qualität legen, sondern alles billig, billig haben wollen oder überhaupt geschenkt. Und dass er immer »mit einem Bein im Gefängnis steht«, weil er seinen Beruf noch ernst nimmt. Einen Beruf, den er im Übrigen »niemandem mehr empfehlen« könne.

Hast du einen Freiberufler aber als Facebook-Freund, bekommst du von ihm ganz andere Meldungen: Er ergattert immer »die tollsten Aufträge« und ist ständig »ausgebucht«. Seine Kunden sind nicht die nörgelnden Normaldeutschen und smartphonebewaffneten Sparfüchse, sondern gut gelaunte Menschen, die er im Handumdrehen in einen Glücksrausch versetzt. Zufrieden sind seine Kunden nicht, sondern »begeistert«. Allesamt.

Aber auch das Privatleben der Facebook-Freunde ist durchsetzt von Erfolgsmeldungen. Sie treffen »liebe, nette Freunde«, genießen »jetzt einfach mal den lauen Sommerabend« und sind immer mit den großartigsten Menschen der Welt verheiratet. Veranstaltungen, die Facebook-Freunde besuchen, sind »faszinierend«, »sensationell« oder »einfach nur hammergeil«. Geben sie mal kurzzeitig Ruhe, kannst du sicher sein, dass sie sich in Kürze von ihrem »Traumurlaub« zurückmelden. Wobei echte Profi-Facebook-Freunde uns auch im Urlaub über ihr Leben auf der Sonnenseite auf dem Laufenden halten.

Dass unsere Facebook-Freunde solche Angeber sind, stört uns gar nicht besonders. Auch im richtigen Leben gibt es jede Menge Angeber, die wir ertragen müssen. Was ihre Mitteilungen auf Facebook jedoch so peinigend macht, das ist ein kleiner blauer Button, eine Hand mit einem Daumen, der nach oben zeigt. Daneben steht: »Gefällt mir.« Wenn du diesen Button anklickst, erscheint neben der Statusmeldung die Nachricht: »Annamaria Mustermann gefällt das.« Und mit jedem weiteren Kriecher, der auf diesen Button klickt, erhöht sich Anzahl der Personen, denen »das gefällt«.

Du ahnst es schon: Die nervtötenden Schwafler und Wichtigtuer bekommen für ihr Gequatsche kolossale Zustimmungsraten. Einen »Gefällt mir nicht!«- Button, der hier korrigierend eingesetzt werden könnte, gibt es leider nicht. Auch keinen »Behalt deinen Käse für dich!«-Button. Ja, nicht einmal einen »Angeber!«-Button. Oder wenigstens einen »Du solltest mal darüber nachdenken, ob dir diese Bemerkung in 20 Jahren nicht unsagbar peinlich ist«-Button. Hätte ich Facebook gegründet, wäre ich bestimmt kein Milliardär geworden wie Mark Zuckerberg. Aber *alle* diese Buttons hätte ich längst eingeführt.

58

EINLADUNGEN VON DEINEN FACEBOOK-FREUNDEN

Mittlerweile habe ich kolossal viele Freunde auf Facebook. Und ich bin sicher: Nach diesem Buch werden es noch viel, viel mehr werden. Nicht weil so viele Leute mit einem Typ befreundet sein wollen, der sich über jeden Käse aufregt. Käse wie Facebook zum Beispiel. Sondern weil ich in so vielen Adressverzeichnissen landen werde von Leuten, die sich sagen: »Matthias Nöllke? Nie gehört! Gleich mal eine Freundschaftsanfrage schicken.«

Das Unangenehme daran ist: Eine Freundschaftsanfrage auf Facebook solltest du nicht leichtfertig ablehnen. Sagt mein Bekannter, der sich mit solchen Sachen auskennt. Denn wenn du ablehnst, *könnte* das dein Facebook-Nichtfreund übel nehmen. Und eines Tages, wer weiß es, wer weiß es, könnte *dieser* zurückgewiesene Facebook-Nichtfreund einen Shitstorm gegen dich anführen. Kann man ja nicht wissen, was da alles noch kommt, im Internet.

Es ist jetzt nur so: Kaum hast du eine Freundschaftsanfrage bestätigt, schon hast du drei »Einladungen« in deinem Postfach. Wow, denkst du, Einladungen, das ist doch toll. Wo dich im realen Leben doch kaum jemand noch einlädt. Auf deine Facebook-Freunde ist eben Verlass. Aber wozu wirst du bloß eingeladen, von diesen Facebook-Freunden, die dich alle nicht kennen? Also bei mir ist es wenigstens so, dass ich meist zu einer »Veranstaltung« eingeladen werde. Und bei dieser Veranstaltung geht es immer darum, dass mein Facebook-Freund uns einhämmern möchte, wie großartig er ist. Gesunde Ernährung, kreativ werden in drei Sekunden, Gedächtnistraining leicht gemacht – was du noch nie wissen wolltest, dein Facebook-Freund erklärt es dir. Kostenlos. Und wenn es dir gefällt, darfst du auch gerne richtiges Geld für einen richtigen Kurs bezahlen.

Ich frage mich: Wer geht zu so einer Veranstaltung bloß freiwillig hin? So verblödet sind die Leute nun auch wieder nicht, oder? Aber warum zum Teufel bekomme ich dann ständig solche Einladungen? Vielleicht weil diese durchgeknallten Facebook-Freunde glauben, dass sie mit den »sozialen Netzwerken experimentieren« und ganz vorne dran sind.

Dabei werden diese aufdringlichen Netzwerk-Fuzzis locker abgehängt von Leuten, die dich ganz dreist auffordern, irgendeinen Schrott zu »liken«, mit dem sie ihr Geld verdienen. Du wirst »eingeladen«, auf den »Gefällt mir«-Button zu klicken. Und nimmst dann an irgendeiner Verlosung teil. Oder auch nicht. Ist das nicht erbärmlicher als erbärmlich? Ist das nicht die unterste Schublade, in die jemand greifen kann?

Stell dir vor, du entdeckst etwas, was dir gut gefällt: ein Restaurant, einen Laden, ein Buch. Vielleicht willst du sogar deinen Freunden davon erzählen, deinen echten Freunden. Und dann bekommst du so eine »Einladung«, in der du aufgefordert wirst, genau dieses Restaurant, diesen Laden oder dieses Buch zu »mögen«. Ganz ehrlich: Wie würdest du reagieren? Es könnte das grandioseste Lokal sein, in dem ich jemals gegessen habe, in *diesem* Fall würde ich mir die Weiterempfehlung schenken. Gut finden auf »Einladung« – das ist ja wohl das Erniedrigendste, was man sich vorstellen kann. Wer da mitmacht, bei dem gibt es nach unten keine Grenze mehr. Was *ich* gut finde, das entscheide immer noch *ich* selbst. Und nicht irgendein verblödeter Facebook-Freund, der es für eine gute Idee hält, sich vor allen anderen loben zu lassen. Lob, mein Freund, musst du dir schon verdienen. Und schon gar nicht funktioniert so was auf »Einladung«.

FREUNDE, DIE AUF DEINEN FEHLERN RUMREITEN

Manchmal sind wir schon mit komischen Leuten befreundet. Leuten mit seltsamen Ansichten, Leuten mit schlechten Angewohnheiten, Leuten mit einem miesen Charakter. Ich finde, das muss man mal deutlich sagen dürfen. Gerade unter Freunden. Mit dem einen oder anderen unserer Freunde sind wir nur befreundet, weil wir sie schon so lange kennen. Sie haben sich nicht zu ihrem Vorteil verändert. Oder sie waren schon immer die fiesen Ratten, die sie heute sind. Wir haben es aber damals nicht bemerkt. Denn wir waren jung und naiv und dachten, die wären schon irgendwie in Ordnung und ganz witzig. Würden wir diese Leute *jetzt* kennenlernen, niemals würden das unsere Freunde werden.

Solche Freunde haben es besonders gern, wenn dir irgendetwas misslingt. Das erzählen sie überall herum, als lustige Geschichte. Sie schütten sich aus vor Lachen. Du hast irgendetwas verwechselt, hast dich verlaufen oder jemanden nicht wiedererkannt. So etwas erregt ihre Heiterkeit. Und sie wollen, dass möglichst viele daran teilhaben. Deswegen erzählen sie es überall herum. Und weil sie dich ja schon so lange kennen, erinnert sie die aktuelle Geschichte an noch ganz andere Blödheiten, die dir unterlaufen sind. Bei jedem anderen würdest du sagen: Was für ein Arschloch. Zieht sich an den Fehlern von anderen hoch. Und dieser andere bist auch noch du. Hat der irgendein Problem? Will der sich aufwerten: Alle anderen sind doof, nur ich bin Schweinchen Schlau? Es ist schon merkwürdig, aber bei unseren alten Freunden nehmen wir so was eine Zeit lang hin. Wir sagen uns: Klar können wir einen Spaß verstehen. Wenn du aber mal den Spieß umdrehst und deine lustigen Freunde hochnimmst, reagieren die beleidigt. Spätestens dann weißt du: Das ist alles kein Witz. Die sind wirklich und wahrhaftig miese dumme Arschlöcher.

FREUNDE, DIE ALLES IN PROZENTEN AUSDRÜCKEN MÜSSEN

Du stellst deinen Freunden eine einfache Frage. Und was sagen sie? Sie sagen nicht Nein, sie sagen nicht Ja, sie sagen: »Zu 90 Prozent.« Oder: »Zu 75 Prozent.« Manche sagen auch: »Zu 99,99 Prozent.« Um sich ein jämmerliches Hintertürchen von 0,01 Prozent offen zu halten. Ist das nicht albern? Redet man so mit Freunden? Indem man ihnen sinnlose Prozentzahlen an den Kopf wirft?

Andere haben irgendein pseudowissenschaftliches Gewäsch aufgeschnappt, das sie nur halb verstanden haben, aber gerne weitererzählen wollen. Dann sagen sie nicht etwa: »Weißt du, ich habe da neulich so ein pseudowissenschaftliches Gewäsch aufgeschnappt. Richtig verstanden habe ich das nicht, aber vielleicht weißt du ja, was dahintersteckt …« Sondern sie erklären selbstbewusst, als hätten sie die Studie selbst durchgeführt: »Es ist ja auch wissenschaftlich erwiesen, dass es nur zu 20 Prozent darauf ankommt, *was* man sagt. Und zu 80 Prozent, *wie* man es sagt.«

Wenn du nur eine Minute drüber nachdenkst, merkst du, dass diese Behauptung null Prozent Sinn enthält. Denn natürlich kommt es darauf an, *was* jemand sagt. Worauf denn sonst? Es gibt kein *Wie* ohne *Was*. Fragst du näher nach, stellt sich heraus, dass deine Freunde auf irgendeinem Seminar waren (siehe Nr. 13: *Seminarleiter, die jeden Scheiß »ganz spannend« finden*) und nur sagen wollten: »Wenn du etwas sagen willst, ist es verdammt wichtig, *wie* du es sagst.« Darauf können wir uns einigen. Und auch darauf, dass man blödsinnige Prozentzahlen, mit denen man Eindruck schinden will, lieber weglässt.

Sogar wenn die mal stimmen. Das will man doch alles gar nicht wissen. Was fünf Prozent aller Frauen oder 47 Prozent aller Eisbären so alles anstellen. Wer diesen Prozent-Quatsch mitmacht, der bläst sich vor dir auf und macht sich wichtig, wichtig. Diese Freunde wollen dir nur weismachen, dass sie sich auskennen. Gerade wenn sie keinen Schimmer haben. Sonst wüssten sie nämlich, dass 83 Prozent aller Prozentangaben erstunken und erlogen sind.

61

FREUNDE, DIE ALLES BILLIGER EINKAUFEN ALS DU

Hast du dir ein neues Fahrrad gekauft, neue Möbel oder hast du gerade eine feine Urlaubsreise hinter dir? So was erzählt man gerne seinen Freunden. Weil die dann immer solche Sachen sagen wie: »Toll. Wo hast du das her? Da hast du aber einen guten Griff getan.« Manche spielen dir auch ein bisschen Neid vor, du fühlst dich prächtig, schreibst für sie Telefonnummern oder Internetadressen auf und denkst: Ich bin doch ein richtig guter Freund. Dass ich meine heißen Tipps an die weitergebe.

Doch leider gibt es Freunde, die machen dir einen dicken Strich durch die Rechnung. Denn sie fragen sofort: »Wie viel hat das gekostet?« Und dann erklären sie dir, dass du »zu viel« dafür gezahlt hast. Sie selbst haben sich nämlich auch gerade ein Fahrrad gekauft. Bessere Qualität, halber Preis. Oder sie gehen gleich ganz anders an diese Dinge heran als du. Sie handeln Rabatte aus, diese Sparfüchse, bekommen noch Extras obendrauf gelegt, und wenn sie das nächste Mal den Laden betreten, wird nur für sie ein roter Teppich ausgerollt.

Diese Leute sammeln Gutscheine, Bonuspunkte, Bonusmeilen. Sie fliegen erster Klasse nach New York und zahlen dafür weniger als du, wenn du im Gepäcknetz nach Freiburg reist. Sie bestellen Zeitschriften im Probeabo, weil sie den Rollkoffer haben wollen, den es gratis dazugibt. Und die Zeitschriften kosten auch nichts. Sie haben das neueste Smartphone, aber zahlen nichts dafür, weil sie »Produkttester« sind. Steigen sie im Hotel ab, kennen sie da einen kleinen Trick, wie man das beste Zimmer bekommt und für das schlechteste bezahlt. Während es bei uns eher andersrum läuft.

Normalerweise würden wir mit solchen Sparhelden und Schnäppchenjägern nicht viel zu tun haben. Wer will sich solche jämmerlichen Geschichten schon auf die Nase binden lassen? *Mir* ist das doch egal, ob da einer 100 Euro weniger für sein Sofa zahlt. Wenn du aber mit so jemandem befreundet bist, dann sieht das leider anders aus. Dann *musst* du dir das alles anhören. Manche tun dann noch so, als würden sie dir einen Supertipp geben. Damit auch du für 3,50 Euro eine Zahnbehandlung in Moldawien bekommst.

Das Schlimme ist ja nicht nur, dass du diese öden oder auch miesen Tricks bewundern musst. Viel quälender ist es ja, dass du als der ahnungslose Idiot dastehst, der den »vollen Preis« zahlt. Der sich ausnehmen lässt und noch glaubt, er wäre gut behandelt worden. Solche Freunde machen einen fertig. Du fühlst dich selbst wertlos und kannst dich an den Sachen, die du gekauft hast, gar nicht mehr freuen.

Dabei haben die Spartipps und Tricks deiner Freunde alle einen gewaltigen Haken. Denn – Überraschung, Überraschung! – verschenkt wird nichts. Und schon gar nicht an deine oberschlauen Spar-Freunde. Da kannst du aber mal sicher sein. Vielleicht hat sich dein Freund zum Affen gemacht, das Firmenlogo auf den Hintern tätowieren lassen, um drei Euro zu sparen. Vielleicht hat er auch einfach gelogen, einen Ladenhüter gekauft oder hat zehn Neukunden geworben. Zehn Dumme und jetzt versucht er den elften einzufangen – nämlich dich.

TEIL VIII

SCHEISSTECHNIK!

Wir fallen immer wieder auf sie herein, die Wunderwelt der Technik. Wir glauben, die Technik würde uns helfen, unsere Probleme lösen und alles einfacher machen. Dabei macht sie gar nichts einfacher, sondern alles *viel* komplizierter. Denn Technik *ist* kompliziert. Doch das vergessen wir immer wieder, wenn alles so richtig flutscht. Dann glauben wir, Flutschen wäre der Normalzustand. Leider stimmt das nicht. Technik, Normalzustand und Flutschen sind drei Begriffe, die auf Dauer nicht zusammenpassen. Wenn es eine Zeit lang gut läuft, dann trifft es uns besonders hart, wenn uns die Technik mal wieder um die Ohren fliegt.

Was aber besonders dumm ist: Wir suchen dann die Schuld immer bei uns. Wir glauben, wir hätten einen Fehler gemacht, einen falschen Knopf gedrückt oder die Batterien nicht rechtzeitig ausgetauscht. Dabei ist es aber immer wieder die Technik, die Scheißtechnik, die uns reinreitet, in unser Unglück. Doch die Leute sprechen lieber von »menschlichem Versagen«. So als wären immer Menschen dafür verantwortlich, wenn dieses Gerümpel nicht funktioniert. Und als würde alles super laufen, wenn *wir* es nicht immer versauen würden.

Allein darüber könnte man sich stundenlang aufregen. Als wäre der Mensch dafür da, technische Geräte »fehlerfrei« zu bedienen. Und nicht die Geräte dazu da, uns ein wenig im Alltag zu unterstützen. Das machen sie nämlich schlecht genug. Dauernd gehen irgendwelche Geräte kaputt, rücken hoch bezahlte Servicetechniker an, die für ein Vermögen irgendwelche Kleinteile auswechseln, die aus keinem anderen Zweck eingebaut worden sind als kaputtzugehen.

Das Schlimmste aber ist natürlich, dass wir uns an diese Scheiß-technik so sehr gewöhnt haben, dass wir gar nicht mehr ohne sie auskommen. Wie viele finden sich heute noch ohne Navi zurecht? Wie viele verbringen einen gemütlichen Abend – ohne Unterhaltungselektronik? Wie viele würden überhaupt noch ihr Haus verlassen – ohne ihr Smartphone?

62

VERPACKUNGEN, DIE DU NICHT AUFBEKOMMST

Damit fängt es doch schon an: dass du die Verpackung gar nicht erst aufbekommst. Ich frage mich, warum sich so viele Verpackungen nicht öffnen lassen. Ich meine, ohne dass du dir Schnittwunden zufügst oder den Inhalt auf den Boden kippst – oder gleich alles zerstörst? Glaub bloß nicht, dass so was an dir liegt. *Mir* geht es jedenfalls ganz genauso.

Am schlimmsten ist es bei den Dingen, die du gerade dringend brauchst. Oder bei denen du es kaum erwarten kannst, sie in Betrieb zu nehmen. Neue technische Geräte etwa, auf die du lange gespart hast. Oder Spielzeug für deine Kinder. Das steckt manchmal in einer durchsichtigen Kunststoffschale. Damit die Kinder schon mal sehen, was sie erwartet. Damit sie ungeduldig werden und anfangen zu quengeln. Du sagst dann so was wie: »Das haben wir gleich.« Und bekommst die Verpackung einfach nicht auf. Nicht mal mit einer Schere.

Dann nimmst du deine Finger zu Hilfe. Du willst die Schale aufbrechen, erst behutsam, dann mit roher Gewalt – und schon ist es passiert: Du hast dich verletzt. Blamiert hast du dich sowieso schon. Erfahrene Eltern öffnen daher diese Spielzeugverpackungen vorher. Mit einer Säge.

Technisches Gerät ist empfindlich. Muss geschützt werden. Schließlich kommt es ja von weit, weit her. Aber man kann es auch übertreiben. Manchmal gibt es auch so ein Siegel. Wenn du das aufschlitzt, kannst du das Gerümpel nicht mehr umtauschen. Sondern kannst dich gleich selbst aufschlitzen. Deswegen zögert man immer kurz, bevor man weiter auspackt.

Leute, die sich für besonders schlau halten, fangen schon im Laden damit an, die Verpackung zu zerlegen. Im Elektronikmarkt, direkt nachdem sie die Kasse passiert haben. Denn dort stehen verschiedene Müllcontainer bereit, um Papier, Kunststoff und den ganzen schäbigen Rest aufzunehmen. Diese Kunden glauben, solange sie im Laden sind, befinden sie sich auf sicherem Gebiet. Wenn irgendetwas schiefgeht, dann wird ihnen das Personal *helfen* und den Artikel *umtauschen* gegen einen anderen, der genauso schwer zu öffnen ist.

Vor allem aber wollen sie den Müll vom Hals haben, den Verpackungsmüll, der bloß nicht zu Hause ihre Mülltonne verstopfen soll. Kann man verstehen, nützt aber nichts. Denn wer im Laden die Ware aus der Verpackung freikämpft, der muss erstens *ohne Werkzeug* auskommen. Und zweitens stellt sich – wenn man es denn geschafft hat – sofort die Frage: Wie transportiere ich jetzt dieses sperrige Teil bloß nach Hause? Manche grabbeln noch mal im Müllcontainer nach und holen wenigstens den Pappkarton wieder raus. Denn Pappkartons – die wird man immer irgendwie los (siehe Nr. 49: *Leute, die alles Mögliche in die Papiertonne stopfen*).

63

UNSERE SCHEISSCOMPUTER UND IHRE ABSTÜRZE

Unter allen technischen Geräten, die mich zur Verzweiflung bringen, nimmt er die Spitzenposition ein: mein Computer. Es gibt im gesamten Universum keinen Gegenstand, den ich so oft zerstören wollte. Zerstören, zerhacken, zerstampfen. Dass ich das bis jetzt noch nicht getan habe, ist wirklich ein Wunder. Das Einzige, was mir in der Richtung gelungen ist: Ich habe den Einschaltknopf mit einem beherzten Fingerstoß eingedrückt. Bei einem meiner Wutanfälle. So muss ich jetzt immer in das Gehäuse hineingreifen, um diesen Scheißcomputer einzuschalten. Und das mache ich jeden Tag. Mindestens einmal. Denn natürlich *brauche* ich meinen Computer. Ich bin vollkommen abhängig von ihm. Und das *nutzt* er *aus.*

Im Schnitt würde ich sagen: Einmal pro Woche drehe ich durch. Vielleicht auch nur alle zehn, zwölf Tage. Ich bin ein sehr beherrschter, nüchterner, rationaler Mensch, sagen meine Freunde. Aber mein Computer macht mich einfach wahnsinnig. Es steckt ein böser Geist darin, so viel habe ich schon gemerkt.

Dabei gehe ich eigentlich ganz gut mit ihm um. Er hat alles, was so ein Computer braucht: ein Antivirenprogramm und richtig viel Software zur »Pflege« des Systems. Sogar wenn ich überschnappe, kommt er noch gut davon. Meist beschränke ich mich ja darauf, auf die Tastatur einzuhämmern und den Bildschirm anzuschreien. Daraufhin tanze ich im Zimmer auf und ab, stoße gurgelnde Laute aus und brülle: »Nein! Nein! Naaaaain!«

Warum ich das mache, wirst du wissen, wenn du selbst so ein Gerät zu Hause oder an deinem Arbeitsplatz stehen hast. Und das haben wir ja alle. Manche versuchen, sich dem teuflischen Einfluss ihres Computers zu entziehen, indem sie sich ein »mobiles Endgerät« zulegen. Doch das verschlimmert die Sache eigentlich nur. Jetzt hast du dieses Folterwerkzeug immer dabei. Und kommst überhaupt nicht mehr zur Ruhe.

Das Entsetzliche an meinen Computern ist *natürlich*, dass sie immer dann *abstürzen* und ihren Dienst versagen, wenn ich sie am dringendsten brauche. Ob du es glaubst oder nicht: Als ich dieses Buch hier geschrieben habe, sind mir ZWEI Computer unter den Händen *weggestorben*: ein sogenannter Desktop und ein »mobiles Endgerät«, das ich am liebsten aus dem Fenster geworfen hätte. Die haben wohl schon geahnt, dass ich in diesem Kapitel einige unfreundliche Dinge über sie sagen würde …

Also gut, mein Desktop – der mit dem eingedrückten Startknopf – ist wieder von den Toten auferstanden. Wahrscheinlich hat er es sich anders überlegt, als ich auf meinem »Tablet«-Computer nach einem Nachfolger Ausschau hielt. Seitdem läuft er wieder. Zwar langsam. Zwar erscheinen ständig irgendwelche *Werbefenster* vor meinen Augen, die den Text überlagern (also wundere dich nicht, falls es plötzlich etwas seltsam wird, hier). Aber der Computer tut seinen Dienst. Noch.

Was zu den schlimmsten Erfahrungen gehört: Du lädst dir »mal eben« irgendein Scheißprogramm herunter. So ein doofes Spiel, das du absolut nicht brauchst. Das dir aber irgendein Facebook- oder sonst wie virtueller Freund empfohlen hat (»Geile Sache, einfach mal austesten!«). Und dann stürzt dein gesamtes System zusammen. Du kannst deine wertvolle Musikbibliothek nicht mehr öffnen. Deine Dokumente, Urlaubsfotos und Steuererklärungen sind blockiert. Und das alles nur wegen »Angry birds« oder tanzenden Schlümpfen, die du erschießen sollst.

Doch die Abstürze sind nur die eine unangenehme Seite deines Computers. Die andere entdeckst du, wenn er einwandfrei funktioniert. Dann hockst du stundenlang davor, ruinierst dein letztes bisschen Gesundheit, verdirbst dir deine Augen, holst dir einen Haltungsschaden und verblöden tust du auch noch.

64

KLEINE TEILE IN GROSSEN GERÄTEN

Deine Waschmaschine geht kaputt. Sie lässt sich nicht mehr öffnen. Oder dein Geschirrspüler streikt, macht die Teller dreckig statt sauber. Oder der Kühlschrank lässt dich wieder mal im Stich. Dann weißt du: Ein Servicetechniker muss anrücken. Und wenn die Garantie abgelaufen ist, dann wird es richtig teuer.

Selbstverständlich *ist* die Garantie *immer* abgelaufen. Diese Geräte sind so gebaut, dass sie genau so lange durchhalten, bis die Garantie abgelaufen ist. Und dann sollen sie möglichst rasch den Geist aufgeben. Das heißt: So richtig den Geist aufgeben sollen sie nun auch wieder nicht. Eine kleine Störung, die erst mal alles lahmlegt, *das* ist hier gewünscht.

An dieser Stelle kommen die kleinen Teile ins Spiel, die dem großen Gerät den entscheidenden K.-o.-Schlag versetzen. Man nennt sie auch »Verschleißteile«, wobei man das erste L eigentlich weglassen sollte. Aus einem kleinen Verschleiß soll ein möglichst großer Schaden entstehen, darum geht es hier. Bei unserer Waschmaschine war eine Kleinigkeit am Türschloss kaputtgegangen. Der freundliche Servicetechniker wusste sofort, was Sache war: Wir brauchten eine komplette neue Tür. Ein Ersatzteil, das nachbestellt und eingebaut so viel kostet wie ein ganzer Waschsalon.

Aber du kaufst ja nicht gleich ein neues Gerät, bloß weil so ein verfluchtes kleines Scheißteil kaputt ist. Allein der Gedanke, das alte Gerät abzubauen und auf irgendeinen Wertstoffhof fahren zu müssen, macht dich fertig. Und dann musst du schon wieder so ein Drecksteil kaufen, das dann genauso wenig taugt. Nein, du gibst deinem großen Gerät mit den vielen kleinen Teilen noch einmal eine Chance. Je teurer die Reparatur, desto länger hält die Sache, glaubst du.

Doch natürlich ist es genau andersherum: Je teurer die Reparatur, desto wahrscheinlicher ist es, dass im Inneren deines Geräts weitere Kleinteile bereitstehen, in nächster Zeit die Grätsche zu machen. Und erst *dann* hast du genug und fährst das große Gerät zum riesigen Elektroschrottplatz. Oder du kaufst dir ein neues. Wobei dich nur *eine* Sache interessiert: Nehmen die Monteure, die das Gerät aufstellen, das alte Scheißteil wieder mit?

Elektrogeräte kommen ohnehin fast immer zu spät auf den Müll. Manche stehen noch jahrelang in irgendwelchen Abstellräumen herum. Weil man auf eine Art Wunderheilung hofft. Oder dass sich ein Technikmuseum für sie interessiert. Dabei wäre für viele Geräte der geeignetste Zeitpunkt, um sie wegzuwerfen, unmittelbar nach dem Kauf.

65

SPAM-FILTER

Ich bekomme immer wieder interessante E-Mails. So schreibt mir ein gewisser Dr. Zuliu Hu aus Hongkong, der für die Hang Seng Bank arbeitet. Auf einem herrenlosen Konto hätten sich 54 Millionen Dollar angesammelt. Wenn ich bereit wäre mitzuspielen, würde er mir 30 Prozent davon auf mein Konto überweisen. Manche Spam-Mailer bieten 50 oder sogar 70 Prozent, aber Dr. Hu ist offenbar Profi genug, um zu wissen: 30 Prozent klingt glaubwürdiger und ist trotzdem noch genug.

Ehrlich gesagt lese ich solche albernen Betrüger-Mails immer wieder gern. Je dümmer und dreister, desto besser. Einmal stelle ich mir die Leute vor, die auf solche Spam-Mails hereinfallen und ihre persönlichen Daten wie Name, Adresse und Konto-Nummer an »Dr. Hu« und seine Freunde mailen. Damit die ihr Konto leerräumen. Ich sehe sie vor mir, wie sie überlegen: Na ja, sehr seriös klingt das nicht. Aber wenn von den versprochenen 20 Millionen Dollar auch nur eine Million auf meinem Konto bei der Volksbank landet, dann will ich dem Dr. Hu seine krummen Touren mal nachsehen.

Dann aber male ich mir aus, was das für eine fantastische Welt wäre, in der ein Dr. Hu verzweifelt versucht, Leute aufzutreiben, denen er Millionen Dollar auf ihr Konto schaufeln kann. Alle versuchen, dir Geld abzunehmen, handeln dich runter, feilschen um jeden Cent. Nur Dr. Hu streut mit vollen Händen die Dollarbündel unter die Leute. Natürlich, den Löwenanteil behält er für sich. Aber es war ja auch *seine* Idee, das Geld vom herrenlosen Konto heimlich, still und leise auf unser unverdächtiges Konto umzuleiten. Also, über so einen Blödsinn kann ich mich schon mal freuen. Von Zeit zu Zeit. Aber ausgerechnet *diese* Mails landen zuverlässig in meinem Spam-Ordner.

Das ist erst mal nicht schlimm. Denn wenn ich so was lesen will, dann brauche ich ja bloß den Spam-Ordner mit den unerwünschten Mails zu öffnen. Nein, das Schlimme sind die doofen Werbemails, die *nicht* in meinem Spam-Ordner landen. »Persönliche Mitteilungen« von oberaufdringlichen Schwachköpfen, die meine Mail-Adresse gekauft haben. Newsletter und Nachrichten für den »Erfolgsfreund«. Solche Sachen. Die verschiebe ich erst mal in den Spam-Ordner (damit künftige Mails mit dieser Adresse *gleich* dort landen). Und dann lösche ich sie noch aus dem Spam-Ordner. Weil ich sie nicht mal in meinem Spam-Ordner haben will, der doch eher den ausgefuchsten Plänen von »Dr. Zuliu Hu« und seinen Freunden vorbehalten sein soll.

Was mich an diesen »persönlichen« Werbemails für den »Erfolgsfreund« besonders ärgert: Du hast sie in hohem Bogen aus deinem Postfach geschmissen, sie als Spam markiert und ihnen noch ein paar unfreundliche Worte hinterhergerufen. Und ein paar Tage später? Da liegt dann wieder so eine Scheiß-Mitteilung an den »Erfolgsfreund« in deinem Postfach!

Das ist so, als würdest du einen aufdringlichen Vertreter rauswerfen. Und der zeigt dir nur eine lange Nase und sagt: »Mir doch egal. Ich bleibe noch ein bisschen. Wir haben nämlich noch ein paar andere interessante Angebote.« Und dann macht er es sich auf deinem Sofa bequem.

Dass diese Internet-Profis immer wieder deinen Spam-Schutz knacken, liegt vielleicht daran, dass sie sich immer wieder unter einer neuen Adresse bei dir einschmuggeln. So täuschen auch die Grippe-Viren unser Immunsystem. Ganz schön clever, was? Aber, Moment mal, wollen die uns nicht was verkaufen? Ich kenne ja nicht die Profitricks der Verkäufer. Aber ich glaube nicht, dass es eine richtig gute Idee ist, wenn die Leute, mit denen man Geschäfte machen will, einen hassen.

Und dann gibt es noch die wichtigen Mails, auf die du wartest und wartest und wartest. Du denkst schon: Hat der Absender dich vergessen? Ignoriert er dich? Will er nichts mehr mit dir zu tun haben? Und dann schaust du im Fach mit den Spam-Mails nach und entdeckst unter lauter Spaßmails von Dr. Zuliu Hu die wichtige Nachricht, auf die du schon längst hättest antworten sollen.

ZUGANGSCODES, KENNWÖRTER UND GEHEIMZAHLEN

Für jeden Scheiß brauchst du heute einen Zugangscode oder ein Kennwort. Im Internet ja sowieso. Wenn du da einkaufst, ein Video mit einem schlauen Kommentar versiehst, deine Stromrechnung bezahlen willst und überhaupt. Überall musst du dich »einloggen«. Auch wenn du noch gar nicht weißt, ob du hier überhaupt ein zweites Mal vorbeischaust. Allein um reinzuschnuppern, musst du dich »anmelden« und »registrieren lassen«. Als wärst du jetzt Mitglied in einem besonderen Club.

Und jedes Mal sollst du dir ein neues »Kennwort« ausdenken. Macht natürlich keiner. Wer soll sich die hundert Kennwörter denn merken? Die Leute haben ihre drei, vier Standards – Sonne, Dackel 05, Miezekatze oder Schnucki 13 – und fertig. Leute, die sich auskennen, schlagen da natürlich Alarm. Solche Kennwörter sind superleicht zu knacken. Da gibt es spezielle Programme, die alle möglichen Kennwörter ausprobieren. Exemplare der Gewichtsklasse »Schnucki 13« sind schon nach drei Sekunden ausgehebelt.

Und wenn jemand *ein* Kennwort geknackt hat, dann kommt er überall rein. Stell dir das mal vor. Der bestellt dann in deinem Namen Wildledersteifel oder meldet den Zählerstand deiner Wasseruhren an die Stadtwerke. Oder er loggt sich unter deinem Namen bei Facebook ein (siehe Nr. 57: *Facebook-Freunde und ihre Statusmeldungen*) und markiert jeden Dreck mit »Gefällt mir«. Vom Onlinebanking und deinem Account beim Finanzamt will ich gar nicht erst reden.

So was wollen wir natürlich nicht und legen uns ausgeklügelte Kennwörter zurecht wie »köP7%§Gw«, die schwer zu knacken, aber noch schwerer zu merken sind. Darum habe ich mir ein Büchlein zugelegt, in dem ich alle Kennwörter, Zugangscodes und Geheimzahlen notiert habe. Da habe ich schon einige Seiten vollgeschrieben. Wo sich das Buch befindet, verrate ich natürlich nicht. Ehrlich gesagt weiß ich das selbst nicht immer ganz genau. Weil es sich aus Sicherheitsgründen immer an einem anderen Platz befindet. Wo man es nämlich nicht erwartet. Das hat aber eben auch Nachteile. Vor allem, wenn ich mich bei einer Website *neu* anmelde, dann habe ich dieses Büchlein ganz sicher nicht zur Hand. Ich versuche halt, mir das Kennwort *so* zu merken. Was immer sehr schwierig ist. Denn ich habe ungefähr fünf Standardkennwörter, die ich auch noch variiere. Und so weiß ich später nicht genau, wie das Kennwort noch mal hieß. Dann schreibe ich einfach auf, was ich *vermute*. Und sehe dann ja beim nächsten Mal, ob es stimmt. Meist stimmt es nicht. Aber dann kann ich ja ein neues Kennwort beantragen.

Manche Kennwörter und Geheimzahlen (*die* vor allen Dingen) bekommen wir ja auch zugeteilt. Die müssen wir *auswendig* lernen. Was sowieso nicht klappt, wenn man sich noch tausend andere Dinge merken muss (wie zum Beispiel: wo man das Buch mit den ganzen Kennwörtern und Geheimzahlen hingelegt hat). Also trägt man dauernd irgendwelche Zettel mit Zahlen und Wörtern mit sich herum. Und wenn *die* mal in die falschen Hände geraten, dann … auweia!

Am schlimmsten ist es im Beruf. Da teilt dir oft irgend so ein Fuzzi von der IT-Abteilung dein Kennwort zu, was ja schon mal für die größtmögliche Lebensferne sorgt. Doch der eigentliche Knüller besteht darin, dass sich dieses Kennwort auch noch alle zwei Wochen *ändert*. Oder auch: von dir selbst geändert werden *muss*. Sonst schlägt das System Alarm und dein Computer wird von der IT-Abteilung *gesperrt*.

Im praktischen Leben führt das dazu, dass sich *niemand* sein Kennwort merkt. Weil ja sowieso alle 14 Tage ein neues kommt. In den Büros kleben jede Menge Post-it-Zettel in Computernähe, auf denen alle möglichen Kennwörter notiert sind. Das Problem besteht dann nur darin, das gerade aktuelle zu finden.

Und diejenigen, die ihr Kennwort *selbst* ändern müssen, behelfen sich mit dem raffinierten Trick, an ihr Kennwort einfach nur eine neue Ziffer dranzuhängen: auf »Sonne01« folgt »Sonne02«, die abgelöst wird von – genau! – »Sonne03«. Ein Höchstmaß an Sicherheit ist also garantiert, zumal als Eselsbrücke auch noch ein Post-It-Zettel über das aktuelle Kennwort Auskunft gibt. Sonst weiß man ja gar nicht, welche »Sonne« gerade dran ist. Jeder, der in dein Büro kommt, sieht also auf den ersten Blick, wie er sich in deinen Account einwählen kann.

Bei den Geheimzahlen, den PINs und TANs, mit denen du an dein Bankkonto willst, ist es im Prinzip genauso. Wenn du dir die Zahlen nicht merken kannst, brauchst du eine Gedächtnisstütze. Aber die musst du dann irgendwo anders aufbewahren. Sonst räumt jeder, der deine EC-Karte mit der Nummer findet, dein Konto leer. Außerdem musst du aufpassen, dass du dich nicht dreimal hintereinander vertippst. Und das ist schneller passiert, als du denkst: Einen Zahlendreher, eine festgeklemmte Taste, und du hast gerade noch *einen* Versuch, die richtige Kombination einzugeben. Sonst musst du dein Konto erst mühsam wieder »entsperren« lassen.

Es ist eben immer wieder das Gleiche: Je ausgeklügelter die Sicherheitsvorkehrungen, umso sicherer versagen sie. Sie sperren gerade diejenigen aus, die sie schützen sollen. Für uns sind diese ganzen Nummern und Codes viel zu kompliziert, während die Profis, die uns austricksen wollen, so was spielend leicht knacken. Wer im Zweifel draußen bleibt und sich jeden Tag mit diesen Scheißkennwörtern und Geheimzahlen rumschlagen muss, das sind wir.

67

DIE FERNBEDIENUNG

Hat jemand die Fernbedienung gesehen? Natürlich nicht. Jedes Mal wenn du dich vor den Fernseher setzen willst, musst du erst mal die Fernbedienung suchen. Oder sagen wir besser: die Fernbedienungen. Manche brauchen drei: Fernseher, DVD-Player und Satellitenreceiver. Eigentlich gibt es einen festen Platz für die Fernbedienungen. Aber da legt sie niemand hin. Außer dir. Aber *das* ist ja sowieso meist die Ursache des ganzen Ärgers: dass es die anderen nicht einfach so machen wie du.

Eine Fernbedienung fehlt immer. Meist die vom Fernseher. Die üblichen Antworten der anderen lauten: »Die liegt da, wo sie immer liegt.« Genau: Sie liegt *immer* da, wo du sie nicht erwartest. Oder: »Die *muss* vor dem Fernseher liegen. Schau mal genauer hin.« Toller Rat. So als würde die Fernbedienung freiwillig aus ihrem Versteck kommen, wenn du lange genug geguckt hast. Sie liegt eben nicht vor dem Fernseher. Und es kümmert sie nicht im Geringsten, dass sie vor dem Fernseher liegen *muss*. Und so maulst du und suchst weiter. So lange, bis dir jemand die fehlende Fernbedienung *bringt*, weil er sie endlich gefunden hat. Ich meine, woher sollst du wissen, dass die Fernbedienung hinter das Sofa gerutscht ist? Oder im Regal liegt? Oder sonst wo, wo sie nun mal nicht hingehört.

Ungünstiger ist es, wenn keiner da ist, der dir einen Tipp geben kann oder mitsuchen muss. Dann darfst du dich ganz alleine auf die Suche begeben, auf die Suche nach dieser verfluchten Fernbedienung. Die überall sein könnte. Nur nicht da, wo du sie suchst. Das Idiotische an vielen Fernsehern ist ja, dass du sie *ohne* Fernbedienung gar nicht mehr steuern kannst. Vielleicht bekommst du die Kiste gerade noch an. Aber umschalten? Geht nur mit Fernbedienung. Manche Geräte haben auch versteckte Knöpfe. Hinter

irgendeiner Klappe, die genauso schwer zu finden ist wie die Fernbedienung.

Und wenn du sie endlich gefunden hast, diese verfluchte Fernbedienung, dann ist es noch einmal sehr die Frage, ob sie überhaupt funktioniert. Denn Fernbedienungen werden mit Batterien betrieben. Und Batterien sind fast immer leer. Zumindest wenn *du* das Gerät in die Finger bekommst.

Das Dümmste an diesen Fernbedienungen sind jedoch die vielen überflüssigen Knöpfe, die sich daran oder darauf befinden. Knöpfe mit Nummern, Knöpfe mit Farben, Knöpfe mit Pfeilen und Knöpfe mit seltsamen Symbolen. Wenn ich darauf herumdrücke, passiert meist gar nichts. Und ich drücke immer wieder auf diesen Knöpfen herum. Wahrscheinlich lässt sich mit ihnen nur etwas ausrichten, wenn man ein teureres Modell hat. Mit irgendwelchen Extras. Vielleicht klappt dann eine Bar auf oder man bestellt was im Internet. So was steht bestimmt in der Gebrauchsanweisung. Aber wer liest schon Gebrauchsanweisungen? Ich jedenfalls nicht. Ich habe doch keine Lust, mir den Tag noch mehr zu versauen.

68

RÄTSELHAFTE GEBRAUCHSANWEISUNGEN

Wenn du früher ein Gerät gekauft hast, dann hieß es immer: Erst mal die Gebrauchsanweisung lesen. Das hat zwar schon damals kaum jemand gemacht. Aber man dachte: *Wenn* man die Gebrauchsanweisung liest, dann weiß man Bescheid. Wenn man also nicht weiterkam oder das Gerät nicht funktionierte, dann nahm man sich die Gebrauchsanweisung zur Hand, las nach und dachte sich: Ahaaaa, so ist das also.

Das ist lange her. Heute musst du die Funktionsweise des Geräts *sofort* begreifen. Ohne in der Gebrauchsanweisung nachzuschauen. Da steht nämlich sowieso meist nur uninteressantes Zeug drin. Als Erstes *gratulieren* sie dir, dass du *dieses* Gerät gekauft hast. Oder wie sie es ausdrücken: dass du dich dafür »entschieden« hast. Ein Glückwunsch, der schon sehr voreilig ist.

Dann erklären sie dir, wie du das Gerät *auspackst*. Was du ja längst getan hast, wenn du auf die Gebrauchsanweisung stößt. Und dann steht da noch drin, dass du nicht *zu früh* den Netzstecker in die Steckdose stecken darfst. Weil du sonst einen Stromschlag bekommst. Oder deine Finger von scharfen Teilen zerhäckselt werden.

Früher wurden viele Geräte, die in Asien hergestellt worden waren, mit Gebrauchsanweisungen versehen, die man ebenfalls in Asien fabriziert hatte. Und die sehr lustig zu lesen waren. »Wenn alles richtig eingesieli, slurchen Sie S2 bis Slunen und Mirunan mit blindernden Koppalpunkti arschetuen«, hieß es da zum Beispiel.

Heute werden *alle* Geräte in Asien hergestellt. Doch gibt es viele Gebrauchsanweisungen, die vermutlich in Deutschland verfasst wurden. Jedenfalls in einem Land, das möglichst weit weg vom Herstellungsort liegt. »Blindernde Koppalpunkti« tauchen da zwar nicht mehr auf. Dafür stehen da Sachen drin, die mit dem Gerät nicht viel zu tun haben. Der technische Fortschritt ist manchmal so rasant, dass die in Asien schon ganz andere Geräte bauen, als hier in Deutschland betextet werden.

Und es gibt viele Bilder. Zeichnungen mit Pfeilen, die eine Systematik vortäuschen, die es nicht gibt. So werden im Text Dinge beschrieben, die du auf den Bildern nicht mehr wiederfindest. Und die Zeichnungen sehen auch nicht so aus wie das Gerät, zu dem dich die Gebrauchsanweisung beglückwünscht hat. Zusätzlich komplizierter wird die Sache dadurch, dass es manchmal *eine* Gebrauchsanweisung für verschiedene Gerätetypen gibt. Du weißt aber gar nicht, welchen Gerätetyp du überhaupt hast.

Der wichtigste Teil der Gebrauchsanweisung befindet sich ganz hinten. Und heißt »Fehlermeldungen«. Da kannst du nachlesen, was es bedeutet, wenn auf irgendeinem Display die Meldung erscheint »Error: Out of Memory«. Oder so was. Und da steht dann, wie man diesen Fehler beheben kann. Zum Beispiel, indem man das Gerät ausschaltet und »neu startet«. Oder mal nachschaut, ob überhaupt der Netzstecker in der Steckdose steckt. Manchmal hilft das, meist aber nicht. Am Ende löst du dein Problem mit der altbewährten Methode: Drücke nacheinander alle Knöpfe und warte einfach ab, was passiert.

69

AKKUS UND AUFLADEGERÄTE

Irgendwie sind wir doch alle immer unterwegs. Sogar zu Hause. Deswegen stecken in unseren Geräten immer häufiger Akkus. Damit wir sie benutzen können, auch wenn keine Steckdose in der Nähe ist. Auf dem Balkon, in der freien Natur, im Supermarkt und an anderen Orten, an denen man das dringende Bedürfnis hat, zu twittern, YouTube-Videos anzuschauen oder auf andere Weise Strom zu verbrauchen. Klingt nach einer praktischen Sache. Doch wie immer, wenn es nach einer praktischen Sache klingt, gibt es dabei einen furchtbaren Haken.

Das fängt damit an, dass die Leute es wieder mal gewaltig übertreiben müssen. Viele sind nur noch mit ihren kleinen sinnlosen Geräten beschäftigt und bekommen von der Außenwelt nicht mehr viel mit. Aber die Außenwelt von ihnen. Und das ist das Problem. Sie gehen uns auf die Nerven. Einfach weil sie dumpf und doof auf ihre Smartphones, Tablets oder anderen mobilen Endgeräte starren, Vögel abknallen oder Quizfragen beantworten. Während wir die traurige Realität noch an uns heranlassen. Eine Realität, in der wir von immer mehr Dumpfbacken umgeben sind, die sich so lange mit ihrem strombetriebenen Gerümpel beschäftigen, bis der Akku leer ist.

Und das führt uns schon zum nächsten Punkt. Während die anderen ununterbrochen an ihren Geräten hängen, ist bei deinem eigenen Gerät ratzfatz der Akku leer. Denn es frisst unglaublich viel Strom. Vor allem wenn es einen »Touchscreen« hat, diesen Bildschirm, der so unglaublich schnell verdreckt, weil du ständig mit deinen Fingern drüberwischen musst. Solche Geräte musst du stundenlang aufladen, um ein paar Minuten Spaß damit zu haben. Und weil du nicht nur *ein* Gerät hast, in dem ein Akku steckt, sondern immer mehr, bist du nur noch mit Aufladen beschäftigt.

Erschwerend kommt hinzu, dass sich die Akkus im Laufe der Jahre immer schneller entladen. Und zwar gerade wenn du sie immer schön randvoll auflädst. Deswegen sagen die Leute, die sich auskennen: Du solltest so einen Akku immer wieder bis auf Null runterfahren. Dann hält er länger. Das Problem ist nur, dass du das Gerät erst mal nicht benutzen kannst, wenn der Akku leer ist. Und er ist immer dann leer, wenn du das Gerät am dringendsten brauchst.

Es gibt ja diese Balken, die angeblich den »Ladestand« anzeigen. 100 Prozent, 50 Prozent – unter zehn Prozent funktionieren manche Geräte schon nicht mehr. Wie diese Balken überhaupt ziemlich irreführend sind. Denn lange Zeit hast du das Gefühl, du bist im vollaufgeladenen Modus unterwegs. Du strotzt vor Energie. Aber plötzlich, wenn du so bei 30 Prozent angelangt bist, geht es rasend schnell abwärts und dein Gerät nutzt den Reststrom, um noch einige aufwendige Warnsignale abzugeben: »Ihre Batterie ist fast leer. Dringend Akku aufladen!«

Und dann sind da natürlich noch die »Aufladegeräte«, unscheinbare Zusatzteile, deren Bedeutung du immer wieder unterschätzt. Die sind nämlich so gebaut, dass sie leicht verloren gehen und dann *nachgekauft* werden müssen. Sonst kannst du ja das ganze Gerät wegwerfen. Deshalb sind diese Aufladegeräte auch so sauteuer. Manchmal bestehen sie aus mehreren Teilen, die du einzeln nachkaufen kannst. Weil sie nämlich auch einzeln verloren gehen oder kaputtgehen.

Das Schlimmste aber sind Geräte mit Akku, die sich nicht abschalten lassen. Bei anderen Geräten kannst du notfalls immer den Netzstecker ziehen. Und es ist Ruhe. Bei vielen Geräten mit Akku gibt es gar keinen richtigen Ausstellknopf. Du denkst zwar, es gibt einen. Aber der ist nur zur Beruhigung der Doofen da. Damit schaltest du nämlich nicht das ganze Gerät ab. Heimlich, still und leise frisst es weiter Strom. Sendet und empfängt Daten aus der ganzen Welt. Wenn du es wirklich ausschalten willst, musst du abwarten, bis der letzte Tropfen Strom aus dem Akku verdampft ist. Und wenn du es sofort ausschalten willst, musst du es einfach nur zerstören. Vielleicht warst du ja vorsichtig genug und hast dein Gerät gegen alle nur denkbaren Schäden versichert. Womit wir schon beim nächsten Aufreger wären.

70

DIE SINNLOSE HANDYVERSICHERUNG

Wenn du einen Handyvertrag abschließt, versuchen sie dir immer einzureden, dass du den Tarif bekommst, der für dich am günstigsten ist. Gleichzeitig versuchen sie aber auch, dir so viel Geld wie möglich aus der Tasche zu ziehen. Und weil das Telefonieren immer komplizierter wird mit den ganzen Flatrates, Freiminuten und falschen Versprechungen, schaffen sie immer beides. Wenigstens bei mir.

Am dümmsten habe ich mich allerdings angestellt, als ich mir eine Handyversicherung aufschwatzen ließ. Einen Euro pro Monat sollte die kosten. Dafür Rundumschutz für mein Mobiltelefon. Weltweit, glaube ich. Egal, ob mir der Apparat ins Klo fällt oder von einem Dieb gestohlen wird. Ich bekomme einen *neuen*. Das hat mich überzeugt. Kann ja immer mal sein, dass einem das Handy ins Klo fällt oder ein Dieb zugreift.

Doch wie es der Zufall so wollte: Mein Handy fiel niemals ins Klo. Und geklaut wurde zwar mein Portemonnaie, aber das Handy rührten diese verdammten Diebe nicht an. Ich dachte ernsthaft darüber nach, meine Handyversicherung zu kündigen. Ein Euro pro Monat ist nicht viel, aber wenn du dafür *nichts* bekommst, nicht mal ein neues Handy, dann läppert sich das über die Jahre.

Dann passierte es. Auf einem Ausflug mit meinen Kindern nach Rosenheim. Ich griff in meine Jackentasche, um meine Frau anzurufen und zu sagen, dass alles in Ordnung ist (für solche Anrufe *braucht* man ein Handy; wie sind die Menschen früherer Epochen nur klargekommen?). Du ahnst, was kommt: Das Handy war nicht da! Es musste mir aus der Tasche gefallen sein. Oder es war gestohlen worden! Handy-Diebstahl in Rosenheim! Wir suchten alles ab, fragten die Leute, schauten noch mal im Auto nach: Nichts. Ich dachte nur: *Endlich*. Ich bekomme ein nagelneues Gerät für meinen alten Knochen. Hat sich die Handyversicherung doch noch gelohnt.

Am nächsten Morgen rief ich bei der Handyversicherung an, um ihr den Diebstahl zu melden. Und da fing es schon an: Die Nummer, die man da wählen musste, war eine kostenpflichtige »Hotline«. Also mit Wartezeiten, die viel Geld in die Kassen der Versicherung spülte. Die Frau, die den Schaden aufnahm, war sehr nett. Sie gratulierte mir zu meiner Handyversicherung. Die Nummer wurde gesperrt, was auch noch eine Kleinigkeit kostete. Und dann verriet sie mir, dass mein nagelneues Handy nicht ganz kostenlos zu haben wäre. Sondern ich müsste 100 Euro »Eigenbeteiligung« lockermachen. Zwar immer noch günstiger, als das nagelneue Handy im Laden zu kaufen, aber unter einer Handyversicherung stelle ich mir schon etwas anderes vor.

Kurz darauf meldete sich meine Frau. Sie hatte das Handy in unserem Auto entdeckt, es war neben den Sitz gerutscht. Also rief ich wieder bei der kostenpflichtigen »Hotline« an. Wieder eine nette Frau in der Leitung. Sie gratulierte mir, dass ich das Handy wiedergefunden hatte. Die Nummer wurde entsperrt, was noch mal eine Kleinigkeit kostete. Der Antrag auf das neue Handy wurde rückgängig gemacht. Und alles war wieder wie zuvor. Nur dass mich diese Anrufe eine schöne Stange Geld gekostet hatten. Noch am selben Tag kündigte ich meine Handyversicherung. Seitdem spare ich nicht nur einen Euro pro Monat. Was ja viel mehr ins Gewicht fällt: Dieser Euro war mein geheimer Mitgliedsbeitrag im Trottelclub.

71

DAS BABYPHON

Eine der schlimmsten Erfindungen ist doch das Babyphon. Warum? Weil es alle unglücklich macht, die mit ihm zu tun haben. Also zunächst mal die Babyeltern, die gemeinsam einen schönen Abend verbringen wollen. Oder zumindest ein paar Minuten davon. Und das heißt: nicht allzu nah am Babybett. Vielleicht wollen sie ausgehen. Nicht richtig, für Babyeltern heißt ausgehen: aus dem Kinderzimmer rausgehen. Vielleicht wollen sie aber sogar die Wohnung verlassen, ein paar Schritte entfernt ein Bier trinken gehen. Oder mal eben Freunde besuchen, die nebenan wohnen. Kleine Vergnügen, die man erst als Babyeltern zu schätzen weiß. Weil sie nämlich oft unerreichbar scheinen.

Das Babyphon verspricht hier Hilfe. Es besteht aus einer Basisstation, der sogenannten »Babyeinheit«, und einem mobilen Teil, der sogenannten »Elterneinheit«. Die »Babyeinheit« platzierst du so im Kinderzimmer, dass alle Geräusche erfasst werden, die dein kleiner Liebling von sich gibt: Glucksen, Kichern, Schmatzen. Alles Äußerungen, die dir auf keinen Fall entgehen dürfen. Schon die Wahl des Standorts der »Babyeinheit« kann strittig sein. Nicht zu nah, wegen der Funkwellen. Wer weiß, was die in so einem empfindlichen Babykörper anrichten. Nicht zu weit weg, weil man dann nichts mehr hört. Besorgte Eltern starten erst mehrere Testläufe, ehe sie sich entschließen, das Gerät auch wirklich einzusetzen.

Sind die Eltern an ihrem Zielort angekommen, geht es erst richtig los: Die »Elterneinheit« wird aktiviert. Ist *nichts* zu hören, kann das heißen: Alles in Ordnung. Es kann aber auch heißen: Alarmstufe Rot, das Gerät funktioniert nicht! Dreimal darfst du raten, für welche Deutung sich die besorgten Eltern entscheiden. Komfortable Geräte haben daher eine Funktion, die den Babys sanfte Schlaflieder vorspielen. Angeblich soll das Kinder beruhigen. In Wirklichkeit beruhigt das die Eltern. Wenn die nämlich nur das Schlaflied hören und sonst nichts – ist alles in Ordnung.

Oder auch gerade nicht. Könnte ja sein, dass dem Baby etwas zugestoßen ist, sodass es gar nicht mehr *in der Lage* ist, irgendwelche Geräusche von sich zu geben. Wenn man es wenigstens *atmen* hören würde. Aber die sanften Schlaflieder verhindern leider genau das. Also, wieder nichts mit dem gemeinsamen schönen Abend. Mindestens einer rennt zurück in die Wohnung, manchmal schon in Panik. Was die Wahrscheinlichkeit erhöht, dass das Baby vom hereinstürmenden Elternteil geweckt wird. Und der Abend ist gelaufen.

Komfortable Geräte haben daher eine sogenannte »Gegensprechfunktion«. Eigentlich ist die dazu da, das Baby zu beruhigen, wenn es rumplärrt. Dann können die Eltern Kontakt aufnehmen und versuchen, es über Funk zu beruhigen. Was natürlich niemals klappt. Also rennt mindestens einer zurück in die Wohnung, um das Baby zu beruhigen. Was oft auch nicht gelingt. Und der Abend ist gelaufen.

Du kannst die »Gegensprechfunktion« aber auch nutzen, um Kontakt aufzunehmen, wenn du gar nichts hörst. »Hallo? Hallo, meine Süße?« Oder: »Geht's dir gut, mein Kleiner …?« Babyeltern hoffen, dass sich ihr Kind dann mit einem zufriedenen Glucksen meldet. Sie hoffen vergebens. Entweder bleibt es ruhig. Oder Baby wird geweckt und fängt an rumzuplärren. Und der Abend ist gelaufen.

Das Babyphon nervt aber nicht nur die Eltern, sondern auch alle anderen, die sich das Drama mit anhören müssen. Stell dir vor, du bekommst Besuch von deinen Freunden. Und das erste, was sie auspacken, ist ihr Babyphon. Dann weißt du doch schon: Dieser Abend kann nicht gut gehen. Musik musst du leiser stellen. Die Eltern versuchen, mit ihrem Baby Kontakt aufzunehmen wie die NASA mit ihren Astronauten. Wenn ein Elternteil zurück in die Wohnung rennt, bleibt der andere da, um dir zu erzählen, dass »sowieso nichts ist« und der Abend mal wieder gelaufen ist.

Und schließlich nervt das Babyphon bestimmt auch das Baby. Schon die Testläufe, die die Eltern veranstalten, zeigen an: Hier stimmt irgendetwas nicht. Und dann stürzen die Eltern ständig ins Zimmer. Aber nicht weil man sie ruft, sondern weil sie *nichts* hören. Und überhaupt: Wer will schon sich schon im Bett abhören lassen?

72

ROLLTREPPEN MIT WECHSELNDER LAUFRICHTUNG

Ich hasse Rolltreppen. Rolltreppen in jeder Form. Zum Beispiel Rolltreppen, die gerade »Außer Betrieb« sind. Und davon gibt es jede Menge. Die Technik scheint extrem anfällig zu sein, was mich wundert. Gibt es doch kaum etwas Stupideres als so eine Rolltreppe. Die Leute latschen doch einfach nur auf ihr herum, die meisten stehen sogar nur. Was gibt es denn da kaputtzugehen? Vielleicht aus Unterforderung oder Langeweile, so wie manche Kollegen im Büro.

Einige Rolltreppen werden auch einfach abgeschaltet. Um Strom zu sparen. Vermutlich verschlingt so eine Rolltreppe Unmengen an Strom, sodass man sie ständig abschalten muss, damit wir die Energiewende packen. Es gibt aber kaum etwas Unangenehmeres, als so eine stillstehende Rolltreppe rauf- oder runterzulaufen. Man kommt sich vor, als würde man in Zeitlupe kriechen. Und tatsächlich: Wenn zwei Leute nach oben wollen – und der eine die normale Treppe nimmt, während der andere auf die Rolltreppe latscht und vergeblich hofft, dass sich die Stufen in Bewegung setzen, sodass er fluchend nach oben steigt –, wer kommt so gut wie immer als Erster an? Natürlich nicht der Rolltreppensteiger.

Funktioniert so eine Rolltreppe aber ausnahmsweise mal, dann fängt der Ärger überhaupt erst an. Auf einer fahrenden Rolltreppe gilt eigentlich das Prinzip »rechts stehen, links gehen«. Und wenn ich sage »eigentlich«, dann weißt du schon: Es gibt *immer* welche, die links stehen und rechts gehen. Rechts gehen ist kein Problem, aber die Linkssteher machen uns das Leben schwer. Sie verursachen Staus, Stress und Gemotze. Noch schlimmer ist es, wenn du hinter so einem Linkssteher bist und nichts sagst. Weil dir das zu blöd ist. Weil der Linkssteher schalldichte Kopfhörer trägt. Oder weil du dir das demütigende Gefühl ersparen willst, dass der Linkssteher

sowieso nicht reagiert. Und dann wirst du von hinten angemotzt. Leute fangen an zu pöbeln, manche stellen sogar ein Bein oder schubsen. Oder rücken einem unangenehm nahe auf die Pelle. Bei einer normalen Treppe passiert so was nie.

Am furchtbarsten sind jedoch die Rolltreppen mit »wechselnder Fahrtrichtung«. Eigentlich könnte man denken: Supersache, das sind gleich zwei Rolltreppen in einer. Je nachdem, ob jemand gerade von unten oder von oben kommt, geht es aufwärts oder abwärts. Doch damit fangen die Probleme an. Denn komischerweise bewegen sich die Rolltreppen mit wechselnder Fahrtrichtung immer *entgegen* der Richtung, in die du selber willst. Egal, wie viele Leute mit dir unten stehen und warten, es kommt immer einer von oben, der noch mal auf die Trittplatte latscht und damit die Abwärtsrichtung um weitere wertvolle Minuten verlängert.

Besonders übel trifft es Rollstuhlfahrer und Mütter oder Väter mit Kinderwagen. Im Unterschied zu den anderen, die irgendwann genervt die normale Treppe nehmen (woraufhin die Rolltreppe zuverlässig die Richtung ändert), sind die auf die Rolltreppe angewiesen. In früheren Zeiten wusstest du als Rollstuhlfahrer: Aha, diese Rolltreppe führt abwärts, die andere führt aufwärts. Vielleicht musstest du Umwege nehmen, aber du wusstest wenigstens, welche Rolltreppe du nehmen konntest. Das hat sich mit den Rolltreppen mit wechselnder Fahrtrichtung gründlich geändert.

Man sieht immer mehr Mütter und Väter mit Kinderwagen, Rollstuhlfahrer, Senioren, Leute mit schweren Lasten vor Rolltreppen stehen und warten und warten und warten. Manchmal fasst sich jemand ein Herz, stürmt die normale Treppe nach oben oder unten, um die Leute am anderen Ende der Rolltreppe zu warnen: »Da unten wartet eine Frau mit Kinderwagen. Bitte nehmen Sie die Treppe.« Kurz darauf erscheint zuverlässig auch an dieser Seite ein Mensch mit Kinderwagen, ein Rollstuhlfahrer, gehbehinderte Senioren oder Leute mit schweren Lasten. Und die sind jetzt dran mit dem stundenlangen Warten, bis die Treppe wieder ihre Fahrtrichtung ändert.

73

LIEGESTÜHLE, DIE MAN NICHT RICHTIG AUFBAUEN KANN

So ein Liegestuhl ist doch eigentlich nicht besonders kompliziert. Und genau das ist sein besonderer Nachteil. Er hat nur ein paar Teile, also müsste es ganz einfach sein, das Ding aufzustellen. Sodass ich mich reinsetzen kann. Vielleicht gibt es sogar noch eine Gebrauchsanweisung mit Schaubildern. »So stellen Sie Ihren Liegestuhl auf.« Aber es hilft nichts. Denn erstens verstehe ich die Schaubilder nicht. Und zweitens wähle ich von den zwei Richtungen, in die sich eines dieser drei Teile klappen lässt, grundsätzlich die falsche. Dadurch entsteht ein recht merkwürdiges Gebilde. Es sieht ein bisschen wie ein Wäscheständer aus oder wie ein Windschutz, nur sitzen kann ich darauf nicht.

Ich klappe dann die Teile in die andere Richtung, woraus sich neue Kombinationen ergeben. So wie bei einem Kreativbaukasten für Kinder, bei dem man manchmal auch erstaunt ist, wie viele Möglichkeiten drinstecken. Wenn der Liegestuhl aussieht wie ein Pferd, überlege ich mir das erste Mal, ob ich mir nicht lieber einen Stuhl hole oder mich einfach auf den Boden lege. Handtuch drunter, vielleicht sogar noch ein Kissen, ist doch gar nicht so unbequem.

Aber das geht jetzt nicht mehr. Ich habe angefangen, den Liegestuhl aufzubauen. Also muss ich das Scheißding auch aufstellen. Vor allem wenn es Zeugen gibt. Meine Frau, die eigenen Kinder, Nachbarn, Passanten, die zufällig stehen bleiben. Dann muss man weitermachen, weiterklappen, bis das Ding zumindest irgendwie steht und man sich draufsetzen kann. Muss ja gar nicht die vorgesehene Position sein. Vielleicht muss man sich mit einer Variante zufrieden geben, auf der man etwas steiler sitzt. Aber die immerhin noch den Anschein erweckt, man wollte das so. Weil du eben lieber ein bisschen steiler die Sonne abbekommst. Und in dieser Position auch besser lesen kannst. Und essen. Und trinken. Ganz wie auf einem normalen, etwas unbequemen Stuhl. Der wackelt. Bewegen darf man sich auf dem Ding natürlich nicht, sonst kippt man um.

Ist natürlich keine ganz tolle Lösung, aber immer noch besser, als mich weiter abplagen zu müssen, um den Liegestuhl vorschriftsmäßig aufzustellen. Zum Beispiel weil ich ihn für jemand anderen aufstellen soll, meine Frau, meine Kinder, meine Mutter. Mit jedem Klappen mache ich mich ein Stückchen mehr zum Idioten. Und ganz schlimm kommt es natürlich, wenn in dieser Situation einem jemand den Liegestuhl aus der Hand nimmt und sagt: »Lass mich mal!« Und nach zweimal Klappen steht der Liegestuhl da. So wie Liegestühle eben dastehen sollten.

Ich habe ja den Verdacht, dass die Hersteller von Liegestühlen die extra so konstruieren, dass jeder, der damit anfängt, ihn aufzustellen, erst mal in die Irre geleitet wird. Und wenn dann ein Zweiter dazukommt, plötzlich alles ganz einfach aussieht und der Liegestuhl quasi von selbst in die richtige Position kippt. Beweisen kann ich das zwar nicht, aber es würde viel erklären.

TEIL IX

DIE LETZTEN FRAGEN

Irgendwann geht alles zu Ende. Dein kleiner Ärger zwischendurch, meine schlechte Laune, unser Leben und auch dieses Buch. Das Praktische an diesem Buch ist immerhin, dass du es auf deinen Nachttisch legen kannst oder aufs Klo. Für dich und deine Gäste. Und jeder kann kreuz und quer und so lange darin herumlesen, wie er Lust darauf hat. Bei unserm Leben ist das nicht so sicher. Doch wer weiß das schon? Darum werfen wir am Ende einen Blick auf die letzten Fragen. Denn in einer Sache besteht kein Zweifel: Das Leben bleibt aufregend bis zum Schluss.

LEUTE, DIE UNSTERBLICH
SEIN WOLLEN

Mal ganz ehrlich: Willst du wirklich unsterblich sein? So richtig weg sein für immer ist natürlich keine schöne Vorstellung. Aber was wäre eigentlich, wenn es immer weiter und immer weiter und immer weiter ginge mit uns? Niemals einen Schlussstrich ziehen können und sagen: »Game over. Das war's jetzt.« Bis zum Ende aller Zeiten durchhalten müssen? Wer weiß denn, was da noch für Dummheiten und Katastrophen auf uns zukommen. Willst du das wirklich alles wissen? Auch wenn wir dann im Jenseits sind, ich stelle mir das nicht besonders lustig vor.

Vor allem aber gehen mir die Leute, die unsterblich sein wollen, *hier* schon auf den Keks. Mit denen würde ich nicht mal einen verregneten Nachmittag verbringen wollen. Um wie viel weniger die Ewigkeit. Dabei meine ich gar nicht mal die Leute, die auf ein Leben nach dem Tod hoffen. Das kann ich ja noch verstehen.

Aber es gibt tatsächlich welche, die glauben, dass sie hier ewig durchhalten können. Die erzählen einem dann was vom medizinischen Fortschritt. Und dass die Menschen ja auch zum Mond geflogen sind. Was sich früher auch niemand vorstellen konnte.

So einen Unsinn erzählen diese Leute. Wenn es irgendetwas gegeben hat, was sich unsere Vorfahren immer wieder vorgestellt haben, dann genau das: dass sie eines Tages auf den Mond fliegen. Wohl noch nie was von *Peterchens Mondfahrt* gehört? Es war nur so: In früheren Zeiten stellten es sich die Leute viel einfacher vor, auf den Mond zu fliegen, als es dann tatsächlich war. Man wollte mit einem Heißluftballon dorthin segeln oder mit einem Fahrrad durch die Luft radeln. Und so ist es ja immer: Solange es noch keiner gemacht hat, glauben die Leute: Ach, alles halb so wild, das klappt schon.

Aber jetzt? Haben wir es geschafft. Wir waren auf dem Mond. Und? Fliegen wir da jetzt öfter hin? Nein? Ahaa, woran liegt denn das? Ich werde es dir sagen: Es ist auf dem Mond total öde. Wenn du einen Blick auf die Erde geworfen hast und eine Runde mit dem Mondauto gefahren bist, dann fragst du dich: »Und was ist jetzt?« Nein, da will doch keiner mehr hin. Und das sollte unsere Unsterblichkeitsfreunde vielleicht ein bisschen nachdenklich stimmen. Denn mit ihrem ewigen Leben ist es genauso. Was wollen sie bloß die ganze Zeit über anfangen? Das verraten sie uns nämlich nicht. Auch nicht, warum ausgerechnet *sie* unsterblich sein sollten. Es sind ja auch nicht alle zum Mond geflogen.

Genauso nervtötend sind übrigens die Leute, die einem mitteilen: »Ich habe mich entschieden, hundert Jahre alt zu werden.« So als könntest du selber festlegen, wie lange du lebst. Ein bisschen ins Fitness-Studio gehen, sich »ausgewogen ernähren«, immer gute Laune haben, auch wenn allen anderen das Heulen kommt – und du wirst steinalt. So stellen die sich das vor. Und natürlich: Man muss es sich vornehmen, so alt zu werden; man muss sich dafür *entscheiden*.

Ich weiß nicht, wie es dir geht. Aber die meisten Dinge passieren, ohne dass ich mich dafür oder dagegen entschieden habe. Sondern einfach so. Manche Dinge klappen auch gerade *nicht*, wenn man sie sich vornimmt. Einschlafen zum Beispiel. Je verbissener du es versuchst, desto weniger gelingt es dir. Anderes Beispiel: Solchen Typen aus dem Weg zu gehen, die einem erzählen, dass sie sich entschieden haben, hundert Jahre alt zu werden. Je stärker du dir vornimmst: Oh nein, heute nicht wieder so einer, der davon anfängt!, umso *wahrscheinlicher* triffst du so einen, der dir von seinem 100-Jahre-Plan erzählt.

Dabei geht es diesen Möchtegern-Hundertjährigen eigentlich um etwas anderes. Sie wollen dir nur mal wieder zu verstehen geben:

Ich bin ein Supertyp. Ich habe alles im Griff. Ich werde hundert. Und du? Mit deinen Zweifeln, mit deiner Angst vor Gebrechlichkeit, Alter und Sterben? Du bist ein Loser.

Von mir aus können diese Leute hundert Jahre leben oder am besten gleich ewig. So lange können sie uns wenigstens nicht im Jenseits über den Weg laufen.

75

DIE HÖLLE

Glaubt eigentlich noch irgendjemand an die Hölle? Ich meine die Hölle *nach* dem Leben? Die meisten von uns glauben doch: *Wenn die Veranstaltung schon weitergeht, dann kann es so unangenehm nicht werden.* Entweder werden wir alle erlöst und treffen uns im Paradies wieder. Oder wir werden noch mal wiedergeboren. Was im Prinzip ja auch nicht *so* schlecht ist. Du bekommst eine neue Chance, es diesmal besser zu machen. Sogar wenn du als Meerschweinchen, Ameisenbär oder Fadenwurm wiedergeboren wirst. Vielleicht haben die ja mehr Spaß in ihrem Leben, als wir glauben. Vor allem die Fadenwürmer habe ich da in Verdacht. Wie auch immer, die Hölle ist da schon was anderes. Mit ewigen Qualen, unerträglicher Hitze und jede Menge stinkender Teufel. Erlebnisse, die man auf Erden nur als Pauschaltourist hat.

Aber jetzt stell dir mal vor, du kämest in die Hölle. Wäre das nicht ein Grund, richtig sauer zu werden? Zugegeben, wir waren alle keine Engel. Aber muss es gleich die Hölle sein? So übel haben wir uns auch wieder nicht benommen. Hin und wieder waren wir doch auch ganz nett. Zählt das jetzt gar nicht, oder was?

Und dann ist es sehr die Frage, wer da sonst noch mit uns schmort. Wenn es nur halbwegs gerecht zugeht, dann können wir so allein nicht bleiben. Denk nur mal an deine Familienangehörigen, deine Kollegen, deinen Chef. Die meisten haben doch mindestens so viel auf dem Kerbholz wie du. Da kann es doch wohl nicht sein, dass die ungeschoren davonkommen, während wir für die nächsten Millionen Jahre auf den Rost kommen.

Außerdem kannst du mal einen Blick in die Geschichte werfen. Früher waren die Leute auch nicht besser. Dass sie an die Hölle geglaubt haben, hat sie nicht davon abgehalten, schlimme Dinge anzurichten. Und dabei rede ich nur von den Taten, die herausgekommen sind. Die Helden der Geschichte? Meistens Angeber und ziemlich schräge Typen, die mindestens so sicher in der Hölle landen wie wir. Und bei denen, die nach uns kommen, sieht es auch nicht besser aus. Es wird also ziemlich voll werden, da unten.

Da fragt man sich schon: Was soll das Ganze? Gott hat sich das bestimmt nicht ausgedacht. Sondern die Menschen, die den anderen Angst einjagen wollten, um selbst umso bequemer zu leben. Wenn es also jemand verdient hätte, in der Hölle zu schmoren, dann doch am ehesten diese Leute.

DER HIMMEL

Die Aussicht, in den Himmel zu kommen, ist schon wesentlich angenehmer. Viele hoffen ja genau darauf und strengen sich an, dass sie es ja schaffen. Sie sind nett und halten auch schon mal die linke Wange hin, wenn ihr Chef sie gerade rechts geohrfeigt hat. Also, das wär schon mal nichts für mich. Aber wie schon bei der Hölle, so weiß man auch beim Himmel nicht genau, wer wann und wieso reinkommt. Angeblich wollen wir alle rein. Aber wenn du länger darüber nachdenkst, kommen dir vielleicht Zweifel. Und du fragst dich: Willst du da wirklich hin?

Stell dir vor: keine Sorgen mehr, kein Schmerz, keine Angst. Nicht mal schlechtes Wetter. Klingt erst mal wunderbar. Aber wir haben in diesem Buch ja gelernt: Alles, was sich erst mal gut anhört, ist eigentlich furchtbar. Und so ist es eben auch mit dem Himmel. Oder dem Paradies, wie manche sagen. Du hast hier keine richtige Aufgabe mehr. Es gibt keine Widerstände, keine Niederlagen, keine Leute, die dir ein Bein stellen und sich freuen, wenn du hinfällst. Du kannst nur noch die Beine hochlegen und genießen. Das ist doch entsetzlich. Wenn du nicht schon gestorben wärst, müsstest du vor Langeweile sterben.

Am schlimmsten ist aber: Im Himmel gibt es *nichts*, worüber du dich aufregen kannst. Alles ist in Ordnung. Alles ist genauso, wie du es haben willst. Die Nervensägen schmoren in der Hölle, sind im Fegefeuer beschäftigt oder in einer anderen Himmelsabteilung untergebracht. Mit schalldichten Trennwänden. Also, ich sage dir ganz ehrlich: Ich würde es da keinen Tag aushalten! Und schon gar nicht die Ewigkeit. Ich brauche meinen täglichen kleinen Ärger. Sonst fühle ich mich nicht lebendig. Und um mich tot zu fühlen, brauche ich keinen Himmel. Da kann ich ja gleich im Grab liegen bleiben.

Wer aber lebt, der hat Interessen und Wünsche. Was ihm gegen den Strich geht, das regt ihn auf. Und das ist viel besser, als gelassen zu bleiben. Wenn du immer nur gelassen bleibst, bist du so lebendig wie ein Möbelstück. Du lässt dir alles gefallen. Und darfst dich nicht wundern, wenn eines Tages die anderen mit ihrem Hintern auf deinem Rücken Platz nehmen. Wenn du dich aufregst, bringst du die Dinge voran. Du machst Ärger, und die anderen denken sich: Okay, dann versuchen wir es mal auf eine andere Art. Oder sie schlagen einen großen Bogen um dich. Der entscheidende Punkt ist: Wenn du etwas bei den anderen verändern willst, musst du dich von Zeit zu Zeit aufregen. Wenn du dich nicht aufregst, ändert sich nichts.

DER AUTOR

MATTHIAS NÖLLKE, geboren in Hannover, schreibt Bücher, hält Vorträge und arbeitet für den Hörfunk. Mit Christian Sprang schrieb er den Bestseller *Aus die Maus. Ungewöhnliche Todesanzeigen.* Studiert hat er auch: Literaturwissenschaft, Politik und Journalistik. Er lebt in München, ist verheiratet und hat zwei Kinder. Leute, die ihn kennen, schätzen seine ruhige Art.

Matthias Nöllke
ICH WILL MICH ABER AUFREGEN!
Das Buch für den kleinen Ärger zwischendurch
Mit Illustrationen von Jana Moskito

ISBN 978-3-86265-392-8
© Schwarzkopf & Schwarzkopf Verlag GmbH, Berlin 2014
Alle Rechte vorbehalten. Dieses Werk ist urheberrechtlich geschützt. Jede Verwendung, die über den Rahmen des Zitatrechtes bei korrekter und vollständiger Quellenangabe hinausgeht, ist honorarpflichtig und bedarf der schriftlichen Genehmigung des Verlages. | Lektorat: Maren Konrad | Coverfoto: © Valengilda/thinkstock.de | Illustrationen: Jana Moskito

KATALOG
Wir senden Ihnen gern kostenlos unseren Katalog.
Schwarzkopf & Schwarzkopf Verlag GmbH
Kastanienallee 32, 10435 Berlin
Telefon: 030 – 44 33 63 00
Fax: 030 – 44 33 63 044

INTERNET | E-MAIL
www.schwarzkopf-schwarzkopf.de
info@schwarzkopf-schwarzkopf.de